LA GUERRA INJUSTA
DE
CIUDAD JUÁREZ

*Reflexiones y
propuestas desde
la trinchera
ciudadana*

Manuel Espino ha mantenido su residencia familiar en Ciudad Juárez durante tres décadas. En esa comunidad fronteriza recibió su formación política inicial, abrazando las causas de los llamados "bárbaros del norte".

Desempeñó su primera responsabilidad gubernamental en la dirección de seguridad pública de Ciudad Juárez. Como diputado federal fue secretario de la Comisión de la Defensa Nacional, en la LVI Legislatura, y presidente de la Comisión de Seguridad Pública, en la LVIII. Carlos Castillo Peraza lo nombró enlace entre el Partido Acción Nacional y las Fuerzas Armadas.

Como presidente nacional de dicho partido y como presidente de la Organización Demócrata Cristiana de América, en foros nacionales e internacionales, ha impulsado criterios de acción humanista para la lucha del Estado contra la delincuencia.

Espino se ha distinguido durante los últimos años en el paisaje político debido a su compromiso con la promoción de un debate de altura cimentado en la palabra escrita, como autor de los libros *Señal de alerta* y *Volver a empezar*, este último publicado en 2009 bajo el sello Grijalbo.

LA GUERRA INJUSTA
DE
CIUDAD JUÁREZ

Reflexiones y
propuestas desde
la trinchera
ciudadana

Manuel Espino

Grijalbo

La guerra injusta de Ciudad Juárez
*Reflexiones y propuestas desde
la trinchera ciudadana*

Primera edición: marzo, 2010

D. R. © 2010, Manuel Espino Barrientos

D. R. © 2010, derechos de edición mundiales en lengua castellana:
Random House Mondadori, S. A. de C. V.
Av. Homero núm. 544, col. Chapultepec Morales,
Delegación Miguel Hidalgo, 11570, México, D. F.

www.rhmx.com.mx

Comentarios sobre la edición y contenido de este libro a:
literaria@rhmx.com.mx

ISBN 978-607-429-979-3

Impreso en México / *Printed in Mexico*

A los miles de mártires que en Ciudad Juárez han sido privados de la vida a causa de las peores miserias de la condición humana.

A mi familia, en la esperanza de que esta obra contribuya a que nuestra ciudad deje de ser un campo de batalla y de dolor, y nuestra casa una trinchera de guerra sin libertad.

A los juarenses, con quienes comparto la tragedia de sangre que nos impide vivir en paz, en la certeza de que unidos podremos recuperar la tranquilidad bulliciosa que ha sido distintiva de nuestra comunidad.

Índice

Introducción

Para un político formado en la democracia cristiana, la seguridad pública es condición esencial para la realización del bien común y el respeto a la dignidad de los seres humanos, el zócalo imprescindible que permite a la persona ejercer todas sus libertades.

Por ello, una constante en mi vida pública ha sido el trabajo encaminado a dotar de sentido humanista la lucha contra la delincuencia y a diversificar el concepto de seguridad pública para que comprenda más, mucho más, que las armas. Para que su procuración sea asumida en corresponsabilidad entre sociedad y gobierno y no sólo por voluntad unilateral de éste que, con frecuencia, hace o deja de hacer según convenga a intereses de coyuntura.

Desde que laboré en la dirección de seguridad pública de Ciudad Juárez, a partir de 1984, y como diputado federal secretario de la Comisión de la Defensa Nacional y presidente de la Comisión de Seguridad Pública en la LVI y LVIII Legislaturas, respectivamente; como dirigente partidista y en mi actual cargo de presidente de la Organización Demócrata Cristiana de América, he pugnado para que la fuerza legítima del Estado asista a la construcción de la paz.

Vivir con mi familia en Ciudad Juárez ha acentuado mi interés por la seguridad pública. Desgraciadamente, mi comunidad es un referente internacional sobre la delincuencia;

señalada por segundo año consecutivo como la ciudad más violenta del mundo, y calificada de manera insultante por algunos imbéciles como "maldita". Para los juarenses,[1] este sino marca cada día de nuestras vidas y determina cada aspecto de nuestra convivencia social.

La gravedad de la violencia y la extorsión se recrudeció a partir de que el presidente de México tomó la decisión, que muchos le agradecimos, de declarar la guerra a los narcotraficantes y a la delincuencia organizada. Las muertes violentas alcanzaron en el año 2009 el récord histórico de 3 mil 14 víctimas, la mayoría jóvenes, el grupo social más vulnerable por el crimen. Con 191 homicidios dolosos por cada 100 mil habitantes, a juicio de la ONU significa un cuadro de "criminalidad epidémica". Y el inicio del 2010 ha sido aun más sangriento que los anteriores. Ya alcanzamos un 757 por ciento más de asesinatos que la media nacional.

A las estadísticas de los asesinatos, secuestros y desaparición de mujeres, se suman el deterioro de valores que se refleja en el quebrantamiento social y familiar que debilita la moral comunitaria. Vivimos en una ciudad donde caminar por la calle, visitar un amigo, o simplemente acudir a un lugar público, conlleva un riesgo mortal. Una ciudad cosmopolita de la cual se han exiliado tres mil familias durante el último año; en la que la gran mayoría de los habitantes hemos sido víctimas de la delincuencia en alguna modalidad o presionados para entregar el patrimonio familiar ante la amenaza de la violencia.

La nuestra es una ciudad que en tan sólo tres años ha visto incrementarse la tasa de secuestros en un 5 000 por ciento. Una ciudad en la que el terror no sólo se siente, también se ve. Donde el miedo ha provocado cierre de negocios y escasez de empleo mientras crece la oferta ocupacional propuesta por los cárteles de la droga; la que denigra el trabajo honesto y

[1] Juarenses, gentilicio de quienes residen en Ciudad Juárez, Chihuahua, ciudad fronteriza entre México y Estados Unidos.

que todos los días invita a los ciudadanos a emplearse como nuevos criminales.

Mi preocupación y trabajo por Ciudad Juárez, la ciudad de mis hijos, ha avanzado a través de diversos caminos. Este libro está dedicado a uno de éstos: el de la palabra.

La esencia de esta obra es la de mi opinión y reflexiones escritas, algunas de las cuales he publicado en diversos periódicos y semanarios del país. La mayoría fueron redactadas durante el tercer año de la guerra, en momentos en que la violencia alcanzó su culmen, la sociedad juarense llegó al límite de su desesperación y se comenzó a erosionar el prestigio del Ejército Mexicano, una de las instituciones históricamente más queridas y admiradas de nuestro país.

Incluyo también una carta abierta que dirigí al presidente de México, mi compañero de partido Felipe Calderón Hinojosa, después de infructuosos intentos por conversar con él para llamar su atención sobre la catastrófica situación que padecemos los habitantes de Ciudad Juárez y para entregarle propuestas que aquí hemos generado. La publiqué durante la conmemoración del 350 aniversario de la fundación de nuestra ciudad, consciente del gran significado y empuje que esta fecha simbólica podría dar a la sociedad juarense para apoyar un cambio de rumbo en la estrategia presidencial.

Aunque desde el Ejecutivo federal sólo respondió el silencio —su acostumbrado silencio culposo—, hubo una reacción social sumamente esperanzadora que describo en el capítulo "expresiones ciudadanas".

MEDRAR CON LA TRAGEDIA

La tinta, los discursos y la sangre han corrido por igual en Ciudad Juárez. Periodistas de gran parte del mundo han escrito sobre esta frontera y sin embargo, con contadas excepciones, muy poco han reflexionado sobre el sufrimiento humano y la esencia pacífica que destaca en la trayectoria pujante de esta comunidad integrada por casi un millón y medio de personas.

Es fácil recopilar estadísticas, anécdotas e imágenes de la violencia; muy difícil es intentar comprender y señalar caminos hacia la paz. Muchos han hablado de la muerte y la tragedia, mas no de la esperanza y de la vida, que sobrevuelan por igual las calles y el desierto de la frontera.

Quizá la omisión más grave de esta cobertura global ha sido emitir una condena generalizada para todos quienes vivimos en Ciudad Juárez. Es necesario distinguir entre los miembros de los cárteles de la droga, que se han apoderado de lugares públicos y privados en una sanguinaria disputa por la plaza, y los juarenses que se aferran a su arraigo, a su dignidad y a su orgullo, trabajando con honestidad, educando a sus hijos, cultivando los escasos espacios de vida comunitaria que quedan en esta ciudad, en la que ser honesto es un acto de resistencia.

Una comunidad que tanto ha padecido en su historia no merece ser tratada con superficialidad ni ser trampolín para quienes sustentan su carrera en el escándalo, sin importarles estigmatizar a todos sus habitantes. El sacrificio de los juarenses de bien exige respeto que, en este caso, se traduce en hablar y escribir con profundidad y cuidado cuando de su comunidad se trate.

Por ello, este libro es moderado en lo que a exhibir la violencia se refiere, y cauto en el uso de las estadísticas. Muy a contracorriente de quienes buscan lucrar económica o políticamente con el sufrimiento de los habitantes de la frontera. Estas páginas evitan los circunloquios para ir rápido al señalamiento de que la política, preñada de corrupción, en su peor acepción ha buscado ganancias en el dolor humano de Ciudad Juárez. Votos, apoyo, legitimidad y dinero, han sido el botín de personas sin escrúpulos.

Si un objetivo me mueve a publicar este testimonio es reflexionar sobre el negocio de la violencia y de la extorsión, pero no desde la frialdad de los números o la altisonancia del amarillismo; tampoco desde la óptica morbosa de muchos que ya escribieron y nos hicieron daño de desprestigio, sino desde la historia y la identidad fuerte y pacífica del juarense.

Porque precisamente en la identidad y en la historia de sus habitantes está la mayor fortaleza para recuperar la paz de Ciudad Juárez.

CLAMOR POR UN CAMBIO DE RUMBO

Asumo absolutamente la responsabilidad por lo que aquí afirmo, pues hablar sobre Ciudad Juárez siempre conlleva el riesgo de hacerse blanco de represalias, políticas y de otro tipo. Sin embargo, no dejo de reconocer que mis palabras podrían estar en boca de cualquier juarense y que no hay nada extraordinario en las denuncias que aireo o en las atrocidades que he atestiguado y padecido junto a mi familia y mis seres queridos. Estas páginas son un testimonio de voces múltiples, un clamor colectivo por seguridad, tranquilidad y libertad.

Lo que sí es extraordinario es la fortaleza y la dignidad de una ciudad pacífica, mas no pasiva, injustamente obligada a vivir en guerra. Las voces aquí citadas brindan un alentador testimonio de esperanza y anhelo de paz; una ratificación de que México es tarea de todos.

Porque no quiero acostumbrarme a la violencia, como ya lo estoy al clima extremoso de esta región norteña, es mi deseo acreditar la indómita voluntad que hay en nosotros, en cada uno de los juarenses de buena fe, de construir el camino hacia la prosperidad; de hacer que donde abunda la violencia sobreabunde la paz.

Deseo, con estas reflexiones y propuestas, contribuir a que nuestras autoridades quieran y puedan evitar que Ciudad Juárez siga siendo el principal cruce de armas y dinero del narcotráfico que vienen de Estados Unidos hacia los cárteles de la droga. Los juarenses queremos ayudar a erradicar la corrupción e impunidad imperantes que subyacen al problema de la inseguridad y que se sintetizan en una palabra: complicidad.

Lo haremos con el apoyo solidario mostrado por la comunidad internacional, con el de millones de mexicanos hermanados con esta doliente comunidad. Y espero que también con el de nuestros gobernantes.

Mi mayor satisfacción sería que este libro se lea no como el texto de un autor, sino como el testimonio personal de un ciudadano que puede ser cualquier otro; como la voz de una comunidad víctima de violencia inmerecida y cansada de cargar el fardo de los errores que se cometen en nuestra demeritada clase política.

Escribí precisamente para que se escuche la voz de los juarenses tantas veces ignorada por el alcalde, el gobernador y el presidente. Para exigir que se dé la cara a quienes padecemos las consecuencias de decisiones políticas tomadas a mil ochocientos kilómetros de distancia, en *Los Pinos*, o de las no tomadas a 380 kilómetros, en la sede del gobierno del estado.

Decidí escribir este libro porque, como dije cuando la guerrilla zapatista mantenía en jaque al país desde Chiapas, "la mejor expresión de una lucha legítima es la de un rostro descubierto y la de una voz que habla con la verdad desde una trinchera de paz",[2] así sea en medio de la guerra.

A propósito de dar la cara a los juarenses, ayer llamé al gobernador de Chihuahua, José Reyes Baeza Terrazas, para agradecerle y felicitarle por su iniciativa de trasladar los poderes del estado a Ciudad Juárez. Más allá de lecturas políticas precipitadas y prejuiciosas que mucho estorban, me pareció que de llevarse a cabo esta intención, podría coadyuvar a recuperar la seguridad perdida. A saldar la deuda social en esta

---

[2] *Diario de Juárez*, colaboración "Chiapas, testimonio de paz", Ciudad Juárez, 20 de octubre de 1995.

frontera hostilizada por el crimen, donde los ciudadanos nos sentimos abandonados a la suerte por quienes están en la responsabilidad de gobierno.

Le expresé mi voto de confianza en que no se trate sólo de una medida política para incrementar simpatizantes a su partido en un año electoral[3] —lo cual sería abominable—, sino para disminuir el índice de violencia y sufrimiento humano con decisiones tomadas desde las entrañas de Ciudad Juárez; también para generar esperanzas donde el odio se quiere convertir en paz. Me expresó su total disposición de buscar lo mejor para los juarenses. Tras esa breve y alentadora conversación, di por terminada la escritura de este libro.

MANUEL ESPINO
Ciudad Juárez, Chihuahua
7 de febrero de 2010

---

[3] El año 2010 se renuevan los poderes Ejecutivo y Legislativo del estado de Chihuahua, así como sus Ayuntamientos.

I. Expresiones ciudadanas

CARTA ABIERTA AL PRESIDENTE
FELIPE CALDERÓN

8 de diciembre de 2009

Señor Presidente:

En Ciudad Juárez nos lastima ser la comunidad más insegura, violenta e ingobernada del mundo. En la frontera enfrentamos cada día como un reto la vida y la muerte. A la cifra de ejecuciones, misma que se ha duplicado desde que inició su embestida contra el crimen, se han sumado innumerables acciones que padecemos el grueso de los ciudadanos. Antes los narcotraficantes eran las principales víctimas de la violencia; hoy los más afectados somos los juarenses productivos y honestos.

Las pérdidas económicas son incuantificables. Más lo son las humanas. No hay lugares para convivir sanamente: comer en un restaurante, celebrar una boda o una graduación son actividades de alto riesgo. No sólo son extorsionados los grandes empresarios o los profesionistas de la clase media, también los trabajadores de las maquiladoras y los vendedores ambulantes.

En lo personal, y como un ciudadano más, lamento que mis hijos no puedan vivir con un mínimo de libertad. Para mi familia es común escuchar balaceras y hemos sido testigos de asesinatos. Conocemos personas que fueron ejecutadas. Amigos nuestros han sido secuestrados. Hemos sufrido varios asaltos. Hasta mi propio domicilio fue penetrado por militares. La semana pasada mi familia recibió la amenaza de que debemos pagar "la cuota" o alguno de nuestros miembros será secuestrado.

Lo triste es que nuestra situación no tiene nada de extraordinario, es la realidad de cualquier familia juarense. Ése es el verdadero saldo de la guerra contra el narcotráfico. Las estadísticas de supuestos criminales arrestados y de "dosis que no llegarán a las calles" pregonadas por la propaganda del gobierno federal no compensan la angustia de los padres forzados a pagar para que las escuelas de sus hijos no sean ametralladas, la histórica ola de secuestros y, sobre todo, el dolor de ver que nuestra forma de vida está marcada por el terror a convertirnos en víctimas. Por ello, durante el último año tres mil familias han abandonado Ciudad Juárez, en un éxodo de miedo y desesperanza.

Mi reconocimiento a su valentía para iniciar la guerra es de todos conocido, público y publicado, reiterado en foros nacionales y extranjeros. No le he escatimado mi apoyo ni el de la organización internacional que presido. Sin embargo, ha llegado el momento de señalar con toda firmeza que su decisión es tan acertada como errada es la estrategia: los resultados están a la vista de todos, estamos ante una guerra fallida, ante un estéril derramamiento de sangre que me impele a pedirle que asuma la responsabilidad de la tragedia en Ciudad Juárez. Enviar al Ejército y a las fuerzas de la policía federal no justifica su ausencia en esta comunidad fronteriza.

A pesar de su lealtad y su entrega, que reconozco y agradezco, la presencia de militares y de policías federales no ha pasado de tener efectos escenográficos. Los resultados positivos, que son admirables, no alcanzan a compensar los resultados negativos. No hay margen para interpretaciones: es evidente el dramático incremento en la violencia que la guerra por usted declarada trajo a la frontera. Reconózcalo, señor Presidente.

Necesitamos que usted apoye de manera pública un cambio a esta estrategia fallida, que no implique apostar más vidas humanas. Ya no basta con intenciones, discursos ni muestras de solidaridad. Es indispensable que comprometa su palabra y haga evidente su responsabilidad en esta gravísima situación. También es imprescindible su presencia en esta ciudad, atendiendo la invitación que le han formulado todos los sectores de esta comunidad doliente que desea expresarle su apoyo y coordinar acciones eficaces con su gobierno.

En este día que celebramos el 350 aniversario de la fundación de nuestra ciudad, quiero pedirle respetuosamente, a nombre de los juarenses, que atienda a Ciudad Juárez como prioridad del Estado mexicano y que reflexione sobre el saldo sangriento que su decisión provocó en la vida de esta comunidad fronteriza que tanto le ha dado a la República. Cualquier líder —cualquiera— puede iniciar una guerra, pero muy pocos son capaces de terminarlas con éxito. Por ello, usted debe decidir qué papel jugará en la historia de Ciudad Juárez y de México.

Me sumo al "ya basta" que miles de juarenses acaban de expresar en la marcha por la paz. Ni un muerto más.

Los habitantes de Ciudad Juárez necesitamos su apoyo decidido de forma inaplazable. Es vital que muestre esa misma valentía que mostró para iniciar la guerra contra el crimen organizado, pero ahora para terminarla. Si en la aurora de su sexenio se distinguió por ser un presidente de guerra, ahora que inicia el ocaso nos urge que sea un presidente de paz y que así se le recuerde.

Respetuosamente,
MANUEL ESPINO BARRIENTOS

Pertinacia e indiferencia oficial ante una estrategia fallida

El 2009 había sido un año de agravios sin precedentes para las familias juarenses. En la mía ya habíamos escuchado balaceras y presenciado una ejecución en la vía pública, padecimos el secuestro de amigos cercanos y recibimos la amenaza que viene detrás de la exigencia de "la cuota". En noviembre lloramos la ejecución de dos jóvenes estudiantes amigos de mis hijos.

Como había venido haciendo semanas atrás, insistí en una entrevista con el presidente Calderón al tiempo que se agudizaba la guerra en el país, destacadamente en Ciudad Juárez. Agotadas las posibilidades de exponerle personalmente la grave situación que padecemos los habitantes de esta frontera y las propuestas de solución que la comunidad internacional ha expresado, decidí escribirle la carta abierta reproducida renglones arriba.

Me llenó de esperanza ver la reacción ante esa carta, sentir la solidaridad de amigos de todo el país y de diversas partes del mundo, recibir expresiones de preocupación, de apoyo, de fraternidad. Me alentó también que no faltaron voces respetables —algunas de mi propio partido, Acción Nacional— que, compartiendo el fondo del mensaje al Presidente, sólo expresaron inquietud por la forma. "Un poco fuerte", dijeron.

Sin embargo, tuve dos grandes sorpresas. Una fue el silencio; el darme cuenta de que lo expresado en mi carta no merecía una respuesta de su destinatario. La segunda fue la gran cobertura mediática y el respaldo político que se generó a partir de la difusión del documento, que pusieron en la picota del debate público nacional la eficacia de la estrategia de la guerra contra el crimen organizado.

En los más relevantes espacios periodísticos de la nación el tema fue recibido con interés y sentido de urgencia. Los diarios y revistas de más alta circulación nacional dieron espacio a la carta y sus repercusiones. Lo mismo hicieron periodistas como Carmen Aristegui, Óscar Mario Beteta, Álvaro Delgado, Ciro Gómez Leyva, Carlos Loret de Mola, Sergio Sarmiento y Javier Solórzano, entre otros. Especialmente significativo resultó que uno de los estudiosos de la opinión pública más respetados en México, Roy Campos, de Consulta-Mitofsky, hiciera un análisis en el noticiario de Joaquín López-Dóriga.

Miembros del clero, de la clase política y de la milicia lanzaron posicionamientos de gran trascendencia. Legisladores de los tres partidos mayoritarios de México se pronunciaron a favor de cambiar la forma de operar en esta guerra. La Arquidiócesis de México hizo un llamado al Ejecutivo federal a "reflexionar" sobre la estrategia.

Se hizo público que el Centro de Análisis y Opinión de Marinos y Militares Retirados afirmó que "es urgente y en verdad ya necesario el cambio de estrategia, de dirección y mandos ante este tipo de operaciones".

También académicos, empresarios y miles de ciudadanos hicieron sentir su *ya basta* a la guerra y demandaron que se replanteara el despliegue errático del gobierno.

Este consenso de la sociedad y la prensa libre contrasta con la posición gubernamental. Tanto el presidente Felipe Calderón como su secretario de Gobernación, Fernando Gómez Mont, insisten y persisten en la posición de que la estrategia es la adecuada. Se habla de un "reforzar" o "profundizar" en ella, mas no de cambiarla.

Incluso un periodista conocido por expresar invariablemente y sin ambages la posición oficial, Jorge Fernández Menéndez, sostenía el 3 de febrero que "la política, desde el gobierno federal, los gobiernos locales y el Congreso, ha fallado mucho más que la estrategia". Pasaba luego a afirmar que "los gobernadores y los presidentes municipales, en su mayoría, han decidido no colaborar en el combate al narco", siendo que la responsabilidad de combatir el narcotráfico recae jurídicamente en el Ejecutivo federal y que los gobernantes de los ámbitos locales fueron arrastrados a la guerra sin consulta o consideración alguna.

Yo había insistido en hacer sobresalir la valía de la decisión presidencial para combatir al narcotráfico, aun cuando algunas de mis expresiones fueron tergiversadas por funcionarios del gobierno federal y por algunos "analistas" oficialistas. Unos y otros se empeñaban en mantener vigente la absurda versión de una disputa mía con Calderón. Como cuando dije en España —en enero de 2007— que me enorgullecía de la valentía del presidente de México y de que no negociara con los criminales, como hacía el mandatario de aquel país con los terroristas. Entonces se vino una campaña mediática irracional, dirigida desde la oficina de comunicación de *Los Pinos* en mi contra por "atacar a Calderón".

De cara a la realidad —que no necesita pruebas para ser evidente— comencé a reconocer la pertinacia y la indiferencia oficial, a la que muchos hacían referencia, cuando las ejecuciones habían rebasado las cuatro mil en hechos relacionados con el crimen organizado, la sensación de miedo y el escepticismo habían crecido también. El empecinamiento por justificar la guerra declarada al narcotráfico hizo cundir la sospecha de que el fondo era político y que sólo se buscaba legitimar la presidencia cuestionada sin razón desde que los ciudadanos refrendaron su confianza en el PAN en julio de 2006.

Habían transcurrido 18 meses de la administración calderonista y se tenía la magnífica oportunidad de enmendar la estrategia del gobierno federal. Pero vino la frase desafortunada de quien, siendo titular de la Procuraduría General de la República, Eduardo Medina Mora, refiriéndose a la sangrienta guerra afirmó que "aunque no parezca, vamos ganando todos los mexicanos y vamos a ganar... tenemos muy claro el diagnóstico, muy clara la estrategia y muy claros los componentes" y reiteró: "Los mexicanos vamos ganando".

Era mayo de 2008 y al gobierno le faltó sensibilidad y mesura para reconocer que algo no estaba funcionando. Desde la sociedad se liberaron voces que sugerían revisar la estrategia y hacerle los ajustes necesarios. En televisión, el procurador insistió en que faltaba comprensión de cuál era el tamaño del desafío. Estaba claro, las masacres no eran suficientes para modificar la posición del gobierno ante la generalizada opinión de revisar su desempeño contra las bandas criminales.

Ante la reacción ciudadana contra el gobierno y cuestionado por la prensa nacional reconocí:

> Yo no tengo la información clara o a detalle. Tampoco sé con base en qué elementos objetivos del trabajo que se ha venido realizando se pueda afirmar que se va ganando la guerra... Yo no tengo todavía la percepción de que el gobierno esté ganando esta lucha... Me parece que el gobierno debe ser respaldado por el pueblo de México en esta decisión, pero también me parece que es importante que el gobierno esté abierto a la posibilidad de revisar la estrategia.[4]

A riesgo de parecer necio, insistí en lo que mucho había repetido a los reporteros, aunque sin repercusión mediática: que se trataba de una decisión valiente del presidente Calderón. Y reiteré mi voto de confianza a su gobierno al mismo tiempo que pedí mantener abierta la posibilidad de revisar la estrategia.

Días después, en Bogotá, en el primer foro internacional "Inseguridad, Dolor Evitable" de la ODCA, ante representantes de más de veinte países refrendé "nuestra disposición de respaldo incondicional a todos aquellos jefes de Estado que no escatiman esfuerzo para dar tranquilidad y seguridad a sus gobernados: como los presidentes Felipe Calderón, de México, y Álvaro Uribe, de Colombia".

---

[4] Conferencia de prensa en la sede de la ODCA, México, 2 de junio de 2008.

OTRO VOTO DE CONFIANZA
AL GOBIERNO

Con un siniestro saldo de 904 ejecuciones que hicieron de enero de 2010 el mes más sangriento de su sexenio, el presidente de México insistió desde Tokio, en que "la estrategia de mi gobierno va en la dirección correcta y el Estado de Derecho se ha fortalecido". Sin embargo, tras el abominable asesinato de 15 adolescentes estudiantes en Ciudad Juárez, algunos de ellos deportistas exitosos a quienes Calderón llamó "pandilleros", antes de su retorno a México admitió, al fin, que era necesario replantear la acción de su gabinete de seguridad.

Es urgente que el Ejecutivo federal se decida a escuchar a la sociedad y a replantear en serio su estrategia. Que no se quede en el discurso y que, tal como ofreció el Presidente a su regreso de Japón, cuando reconoció que un esquema totalmente gubernamental no tendrá la eficacia suficiente para resolver un conflicto de tal magnitud.

Fernando Gómez Mont, el secretario de Gobernación, dijo que "necesitamos comunicarnos con la gente, asumir compromisos con ella, que ellos asuman compromisos y recuperar la seguridad para Ciudad Juárez". Ojalá que esta vez sea cierto.

Con base en estas expresiones públicas venidas del gobierno federal, les vuelvo a dar mi voto de confianza para que muestren humildad y voluntad de corregir, pues seguir avanzando por el mismo camino evidentemente seguirá rindiendo los mismos resultados de muerte y desolación. Lo hago porque necesitamos ayuda y presencia urgente de nuestras autoridades en una relación más cercana y estrecha con los ciudadanos; pero con la exigencia de que ya no seamos utilizados como experimento político bajo el pretexto de la violencia.

VOCES POR LA PAZ

Se escuchan, clamorosas, voces que exigen al gobierno federal replantear con imaginación, talento, sentido político y ausencia de prejuicios su estrategia en el campo de la seguridad tanto nacional como pública.

AURELIO RAMOS MÉNDEZ, periodista

Lo que queremos todos es que se encuentre ya una solución para Juárez, que se revise la estrategia que no ha funcionado, que se haga un llamado de auxilio al mundo.

HUGO AHUMADA MIRELES, miembro
del Observatorio Ciudadano
de Ciudad Juárez

No podemos seguir ignorando lo que no queremos ver ni oír, cuando lo estamos sintiendo. No soy experta y desconozco cuál sería la estrategia ideal para modificar este panorama caótico, pero siento al igual que todos, que hace falta modificar lo actual, concretar acciones, darle importancia a las denuncias, no sólo las que delatan el delito, sino también las violaciones a las que son expuestos las víctimas, sin que se protejan sus derechos humanos. Por eso, con pies firmes en el pavimento, con la realidad en la mano, debemos luchar, día a día, en pos del cambio.

ALICIA VÁSQUEZ, médica juarense

Mi ciudad es un negro lamento, un aullido infinito.

Grafiti en Ciudad Juárez

Ciudad Juárez se ha convertido en el símbolo de una estrategia equivocada y evidentemente fallida del gobierno federal para tratar de controlar a los cárteles de la droga.

ALEJANDRO PÁEZ VARELA, periodista

La estrategia policiaca debe ir acompañada de educación con valores; debemos retomar la parte social que descuidamos.

JOSÉ REYES BAEZA,
Gobernador de Chihuahua

El dinero que se gastan en la militarización, inviértanlo en educación.

Pancarta en la marcha por la paz

Hay que cambiar estrategias ya que la delincuencia también cambia.

REYES FERRIZ, alcalde de Ciudad Juárez

Si no hay resultados, en lugar de esperar un año o año y medio, se debe cambiar la estrategia para tener resultados positivos a corto plazo, que es lo que toda la ciudadanía demanda.

MARÍA SOLEDAD MAYNES, presidenta de la
Asociación de Maquiladoras

¿Cuántos más necesitan morir para que este gobierno cambie su estrategia en materia de seguridad pública?

RUBÉN CÁRDENAS, periodista

(La estrategia)... es insuficiente... no hemos dado el enfoque integral que requiere Ciudad Juárez para resolver la problemática de violencia.

PATRICIA GONZÁLEZ, procuradora de Justicia
del estado de Chihuahua

La estrategia no funcionó. La falta de resultados lastima por todos lados. Fue un error que se haya expuesto al Ejército sin la debida protección legal, sin apoyo del Congreso y sin una idea clara de cuál debía ser su misión. La estrategia y el diseño institucional deberían ser revisados.

MANUEL CAMACHO SOLÍS, político

El combate frontal de las fuerzas federales contra el narcotráfico y la guerra entre los cárteles que disputan las "plazas" en territorio nacional provocó una escalada inaudita de ejecuciones en 2009, al sumar 7 mil 724 muertos al término del año y 16 mil 205 en lo que va de la administración del presidente Felipe Calderón Hinojosa.

Periódico *El Universal*

Estoy convencido de que en esta guerra nadie gana, el término de ganar es duro, pues esto ha provocado la muerte de muchísimas personas y el dolor de muchísimas familias.

ARTURO CHÁVEZ, procurador de la República

En Juárez mandan las bandas criminales, en Juárez no existe el alcalde, ni la policía local, tampoco la estatal y menos la federal. En Juárez impera la ley del crimen, gobierna el crimen y manda el crimen.

RICARDO ALEMÁN, periodista

En los últimos cuatro años el secuestro se ha incrementado en Juárez en 5 mil por ciento. En 2009 tan sólo fueron denunciados en la ciudad 150 plagios, una tasa de poco más de 100 por millón de habitantes, cuando Venezuela, líder mundial en este delito, en el mismo año tuvo una tasa de 15 por cada millón, seis veces menos que Juárez.

JOSÉ ANTONIO ORTEGA SÁNCHEZ, presidente
del Consejo Ciudadano de
Seguridad Pública y Justicia Penal

El escenario en estos dos años ha dejado, además, desapariciones de ciudadanos; asesinatos de ministerios públicos federales, policías, militares, escoltas y presidentes municipales; abusos en retenes; corrupción (el déficit salarial de los agentes municipales es de dos mil 360 pesos al mes); defensores de derechos humanos acosados y hasta matanzas en caballerizas y agencias funerarias.

Periódico *La Crónica*

Las autoridades han sido incapaces, han perdido más espacios de los que han ganado; lo que exigimos, además de presencia policial y militar, es una estrategia de política social.

HUGO ALMADA MIRELES, movimiento social
Solución Para Juárez

Más de 14 mil personas han sido asesinadas en los casi tres años desde que el presidente Felipe Calderón movilizó el Ejército... Virtualmente ninguno de esos homicidios ha sido resuelto... Ésta es la peor carnicería que México ha sufrido desde su revolución, hace casi un siglo.

PHILIP CAPUTO, periódico *The Atlantic*

La pobreza se ha extendido a un 60 por ciento de la población de Ciudad Juárez durante los últimos dos años. De ellos, un 20 por ciento vive en pobreza extrema. 780 mil juarenses enfrentan diversos niveles de carencias y 260 mil carecen de lo más indispensable para vivir.

Estudios del Colegio de la Frontera Norte

Éramos la esperanza, la luz, lo mejor. No mientas, Calderón.

Grafiti en Ciudad Juárez

Chihuahua está de luto por un poder corrupto.

Pancarta en marcha ciudadana por la paz

II. La paz en el origen y destino de Ciudad Juárez

VOCACIÓN DE PAZ EN TIERRA DE BÁRBAROS

Ante los ojos del mundo, Ciudad Juárez parece no tener claro a dónde ir en medio de su tragedia que ya la ubica como la ciudad más violenta y peligrosa del mundo. Se le percibe sin rumbo, extraviada entre los desatinos de quienes —insensibles al clamor de la sangre de miles de inocentes— ejercen la delicada tarea de gobernar, y los descoordinados esfuerzos que de buena fe hacemos muchos de sus habitantes y que a simple vista parecen infructuosos.

Lo cierto es que, como toda comunidad humana con esperanza, los juarenses creemos posible construir un derrotero próspero y pacífico para alcanzar nuestros afanes. Para avanzar hacia allá, queremos despejar el camino de nuestro destino, hoy obstruido y ensombrecido por la guerra que ha hecho de nuestras calles un campo de concentración, donde enfrentamos nuestro propio holocausto. Holocausto que el Presidente y sus secretarios de Gobernación y Seguridad Pública consideran un "costo necesario".

Un elevado porcentaje de los ciudadanos que amamos esta ciudad doliente alguna vez buscamos a dónde ir para encontrar oportunidades de sobrevivencia. Las veredas insospechadas de la vida nos trajeron en calidad de migrantes a esta generosa tierra que hoy nos cobija. No nos movió la codicia, sino la necesidad humana de la autorrealización. Venidos de todas partes, tras la aventura errante cargada de las más diversas experiencias, encontramos un lugar para vivir. Agradecidos, ahora lo defendemos de quienes anteponen su ambición desbordada, económica o política, a los valores cultivados desde siempre en este rincón de la patria mexicana.

Siempre he creído que cada comunidad humana tiene una vocación particular en el consorcio de los pueblos. Cuando llegué a la frontera en 1981, tratando de adaptarme a su peculiar dinamismo, busqué claves explicativas sobre la idiosincrasia y vocación de Ciudad Juárez. En las etapas de la Conquista y la Colonia, en las de nuestra vida independiente y hasta el inicio de la Revolución, pude descubrir rasgos que —no obstante la influencia de los indios bárbaros— revelan la permanente tendencia de esa comunidad a vivir en paz o a contribuir para su restablecimiento. Encontré que los juarenses, como colectividad, tienen una clara vocación de paz. La que parecen no reconocerle quienes se esmeran en difundir versiones que la proyectan como violenta desde sus entrañas.

Como veremos en estas páginas, la violencia no está enraizada en la historia de Ciudad Juárez, aunque esporádicamente ha sido campo de varias batallas. Tampoco ha llegado en el escaso equipaje de quienes nos hicimos sus hijos adoptivos.

DE ESTIRPE INDIA CON TEMPLE RECIO

Leer a Florence C. Lister y Robert H. Lister, matrimonio de arqueólogos y profesores de la Universidad de Nuevo México, supone transportarse en el tiempo para recrear la evolución de la vida en los territorios que un día serían Chihuahua, y en cuya cultura yacen las raíces prehistóricas de lo que habría de venir. Durante incontables siglos, las comunidades humanas fueron nómadas: los cazadores en las llanuras montañosas y los recolectores en el desierto.

Al comienzo de la era histórica —describen los Lister[5]—, Chihuahua fue el hogar de una profusa cantidad de tribus, subtribus y bandas de indios. Unas nómadas y otras sedentarias. Distintas física y culturalmente. Algunas vagaron a lo largo de los desiertos candentes, moviéndose de una poza maloliente a otra. Otros residieron en los desfiladeros de las heladas montañas, viviendo en cuevas y buscando caza pequeña con arco y flecha. Otros prefirieron una vida más sencilla en los remansos tropicales de los profundos barrancos, en donde la naturaleza proveía una exuberante producción de ciertos alimentos y en donde el clima era más benigno.

A partir de que el caballo se convirtió en un compañero inseparable para algunos grupos de indios en las grandes praderas del norte, Chihuahua fue recorrida por hordas relampagueantes de rudos salvajes a caballo. En las montañas y cuencas sureñas que limitan con Durango vivieron los supersticiosos y aguerridos tepehuanos, quienes ocasionaron una de las masacres más crueles de la historia de la colonia española, y que al avanzar la conquista se retiraron hacia el sur.

Otra tribu del desierto destinada a dar a los españoles un gran número de dificultades fue el grupo rapaz de los tobosos. Estos nómadas salieron del imponente erial del Bolsón de Mapimí, situado al sudeste de Chihuahua y noreste de Durango.

En las dunas situadas a lo largo de la frontera norte, cerca de El Paso y al norte de Casas Grandes, vivieron los sumas y los mansos que, ocasionalmente fueron agricultores, en especial a lo largo del río Bravo, pero dependían de vainas de mezquite como su alimento principal.

En el sitio de confluencia del río Bravo y el río Conchos, los primeros exploradores encontraron a los desnudos y pin-

[5] Florence C. Lister y Robert H. Lister, *Chihuahua, almacén de tempestades,* Gobierno del Estado de Chihuahua, 1992, pp. 1-15.

tarrajeados jumanos, indios seminómadas que incursionaban en las praderas persiguiendo al bisonte, pero también cultivaban la tierra en las riberas de los ríos.

En la imbricada relación de la naturaleza territorial de Chihuahua con los indios de aquellas épocas, se fraguó una estirpe bravía, recia mas no violenta, que caracteriza a los chihuahuenses, entre los que destacan los juarenses por su hospitalidad generosa y su determinación valiente.

Espíritu de supervivencia

Desde la gesta de conquista y cristianización de Hispanoamérica se forjó un espíritu de supervivencia que es distintivo de la nación mexicana y que le ha valido para salir airosa de las más difíciles vicisitudes de su historia. Podría aseverarse que ese espíritu llegó a lo que un día sería Ciudad Juárez en la maltrecha humanidad de Álvar Núñez Cabeza de Vaca, el primer migrante que constató la naturaleza pacífica, aunque aguerrida, de quienes habitaban y recorrían estas tierras.

Surgido de la trágica expedición que hiciera Pánfilo de Narváez a la Florida en 1527, ignorando a dónde ir y acompañado por otros tres náufragos, Cabeza de Vaca —tesorero y alguacil mayor de la navegación fallida— no desmayó por la tempestad que causara zozobra a las naves en altamar. Tras diversas desventuras este heroico aventurero español se internó en tierras desconocidas, siempre rumbo a occidente, con la esperanza de encontrar a otros españoles, pero sólo enfrentaron el peligro que significaba atravesar territorios ocupados por indios bárbaros de estirpe guerrera.

Errantes y semidesnudos, sin la más vaga noción de dónde estaban, los náufragos cruzaron el territorio de Texas y un día de largo y penoso extravío —que duraría ocho años— se encontraron con los indios mansos y los jumanos, pobladores originarios de las tierras que hoy son escenario de la guerra más injusta e injustificada del México del siglo XXI, también la más absurda: la guerra de Ciudad Juárez.

Por lo que el mismo Álvar Núñez narra en su libro *Naufragios*, podemos imaginar que hallaron a los indios pernoctando en las márgenes del Río del Norte, alimentándose de pescado y de raíces acuáticas. Aquellos migrantes no se quedaron en las comunidades que, no sin desconfianza hacia los forasteros y quizás hasta con alguna hostilidad inicial, mostraron la singular hospitalidad que aún hoy es distintiva de los juarenses. Cruzaron el río hacia el sur, recorrieron las llanuras de Chihuahua y llegaron hasta Culiacán, donde terminó su odisea al encontrar un grupo de soldados españoles.

Con su bordón de dos varas colocadas en forma de cruz y con rumbo a lo desconocido, Cabeza de Vaca debió cruzar por el Paso del Norte —donde actualmente conviven los nuevos habitantes de ambos lados del río: los de El Paso, Texas, y los de Ciudad Juárez, Chihuahua— entre los años 1533 y 1534.

Como ocurre hoy con muchos migrantes que cruzan la frontera, a su paso por estas tierras legaron rasgos de su cultura humanista a las tribus autóctonas. No eran conquistadores —ésos vendrían después—, eran hombres ávidos de encontrar en definitiva su seguridad; deseosos de oportunidades que compartieron con los pueblos originales su espíritu de supervivencia, que dejaron una fe y motivos de esperanza en un futuro mejor. Así lo constató el rico comerciante Antonio de Espejo cuando llegó al Paso del Norte en 1582 y encontró una comunidad cristianizada que, por intérpretes, hizo saber a los recién llegados —también migrantes— que muchos años atrás por ahí habían pasado "tres cristianos y un negro".

Como concluye José U. Escobar en su crónica *Siete viajeros...*[6] el insigne Cabeza de Vaca cruzó el Paso del Norte

---

[6] José U. Escobar, *Siete viajeros y unas Apostillas de Passo del Norte*, Publicaciones Culturales del Ayuntamiento de Ciudad Juárez, Cuaderno 2, Impresora Fronteriza, marzo de 1943, p. 14.

como la encarnación de un nuevo Quetzalcóatl, curando y enseñando a los indios a cantar y a levantar los ojos al cielo.

Al iniciar el 2010 en medio del naufragio provocado por la violencia, estoy convencido de que los migrantes que hoy somos parte de la comunidad de Juárez y El Paso, estamos dispuestos a sumar nuestro indómito espíritu de supervivencia —el que nos trajo a la frontera— al que aquí se ha forjado al paso de los siglos, el de la "cultura del desierto". Deseamos retribuir a la hospitalidad de sus nativos para hacer resurgir la esperanza y restaurar la paz que en esta tierra hazañosa ha brillado al paso de los siglos. Gratitud obliga.

ENTRE EL HUMANISMO
Y LA CODICIA

Desde el portentoso episodio de la Conquista, los aventureros españoles, quizá sin proponérselo, entretejieron los hilos de la codicia con los del humanismo. Esas madejas llegaron del viejo continente acompañando a la espada y a la cruz.

Junto al ideal de "dar a España triunfos y palmas, al rey infinitas tierras y a Dios infinitas almas", vino también el afán por las perlas, las esmeraldas y el oro, que movieron a muchos a las más atrevidas expediciones. A medida que la Nueva España iba extendiendo sus dominios hacia el norte y colonizando los territorios descubiertos, también se fueron escribiendo episodios donde en ocasiones destacó más el poder inhumano alimentado por el materialismo incontrolado de los facinerosos, que la caridad evangelizadora y humanitaria de los misioneros franciscanos de la primera hora.

Quienes llegaron a estos parajes fueron seducidos por el panorama del desierto y sus médanos. Expuestos a la actitud bravía de sus pobladores, no siempre hospitalaria, en ocasiones hubieron de regar con su sangre las primeras sendas en medio del desierto. Como dice el poeta, marcaban el sitio hasta el cual penetraba el evangelio con el cadáver solo y mutilado de algún mártir sin nombre y sin recuerdo.

Así se abrió la ruta conocida como Paso del Norte, la que trajo fiebre de riquezas junto a personalidades que dejaron herencia de generosidad y de nobleza como el piadoso Antonio de Espejo. O como Juan de Oñate, quien el 30 de abril de 1598, apostado en la ribera sur del Río Grande del Norte y ante el asombro de los indios, tomó posesión de las tierras de Nuevo México en nombre del rey don Felipe. Aquel paraje entre jarales, mezquites y algunos sauces fue bautizado con el nombre de El Paso del Río del Norte, desde donde la caravana de Oñate siguió su marcha pacífica para abrir rutas hacia Nuevo México. Así se siguen abriendo brechas hacia una etapa de paz y de fraternidad comunitaria en aquel vado entre dos montañas, ahora llamado Ciudad Juárez, por donde Oñate y sus expedicionarios atravesaron el río.

Hoy no parece ser distinto. Muchos vienen atraídos por los espejismos que suelen figurarse en la frontera. Todos vinculados con el progreso. Algunos llegan con el alma carcomida de antemano, dispuestos a venderse al hampa que aquí se ha enseñoreado. No hay en ellos espíritu de aventura o de supervivencia, tampoco de apostolado o de conquista, sólo apetencia pura que ha sido caldo de cultivo de los odios y resentimientos que enmarcan la guerra cruenta que ha hecho de Ciudad Juárez la más violenta y peligrosa del mundo. Estigma inmerecido para una población comprometida con la paz y solidaria con el mundo.

Otros llegan con la ilusión legítima de las oportunidades. Entre quienes no logran su propósito, algunos se desquician y, ya pervertidos sus originales anhelos, terminan también del lado de las mafias criminales. Así, sobre la fragilidad humana, se ha desarrollado sutilmente una dinámica de peligro que dista mucho de parecerse a la que se configuró cuando llegaron las primeras expediciones extranjeras. La que describe fray Vicente de Aguilar cuando dice que

... a muchos trajo perdidos lo ardiente del desierto. Y muchos no volvieron. La tierra era ancha y la gente bravía. Mas no por eso desmayaron los españoles picándoles el estímulo de la codicia que tanto inquieta, o el celo apostólico que tanto quema.

Tres centurias después, el reto por delante estriba en volver a enardecer el espíritu humanista que llegó para quedarse entre las resplandecientes armaduras de los soldados y los harapientos hábitos de los frailes. El mismo que hizo posible a Álvar Núñez y sus acompañantes salir con bien de todos los peligros.

Como ha dicho Monseñor Carlos Francisco Enríquez Merino:

> Los indios y los blancos dieron cauce a la historia de esta región con sus esfuerzos y sus luchas, y la historia seguirá su curso en el tiempo y en el espacio, con el advenimiento de más personas, nuevos acontecimientos y nuevas obras.[7]

De nosotros depende que en éstas destaquen más las del humanismo que las de la voracidad.

TIERRA DE MISIÓN A FAVOR DE LA PAZ

De Durango salió la expedición que fundaría Ciudad Juárez. Partió en 1629 teniendo por destino el Nuevo México y atendiendo la recomendación de fray Alonso de Benavides de establecer una misión para cuidar a los indios. Fray Antonio de Arteaga y fray Esteban de Perea, con fray García de San Francisco y Zúñiga como ayudante, fueron los franciscanos que viajaron con los conquistadores.

Después, de Nuevo México vinieron a fundar la misión de Senecú en 1530. Fray García de San Francisco recibió la encomienda de guardián de la misión y construyó la iglesia. El

---

[7] Mons. Carlos Francisco Enríquez Merino, *Apuntes para la historia de la Diócesis de Ciudad Juárez*, Ciudad Juárez, Chihuahua, 1983.

camino de Senecú al Paso del Norte —hoy Ciudad Juárez— fue tierra de misión donde los franciscanos llegaron a padecer cautiverio a manos de los indios mansos, del que fueron liberados por el capitán Tomás Rodríguez de Mendoza.

La osadía franciscana y su espíritu misionero llevaron nuevamente a fray García de San Francisco al lugar que los españoles habían llamado Paso del Norte. Llevó 10 familias de indios de la región para enseñar a los mansos nómadas las ventajas de establecerse de manera sedentaria. Los nuevos pobladores, misioneros y nativos, construyeron una enramada a una milla del río; levantaron un altar con lodo y troncos, a modo de pequeño oratorio, donde celebraron la primera misa.

Aquel día fundacional los franciscanos hicieron del Paso del Norte tierra de misión. Llegaron resueltos a dejar un legado de humanismo cristiano y de convivencia armónica. Fue el 8 de diciembre de 1659. En el auto de fundación se lee al franciscano decir:

> Tomo posesión de esta conversión, de mansos y jumanos, y de todas las demás gentilidades circunvecinas que se agrupen... y en nombre de Dios dedico esta santísima Iglesia y Conversión a la Santísima Virgen de Guadalupe, con sobrenombre del Paso.

Con estas palabras, trescientos años atrás, fray García de San Francisco fundó esta comunidad pacífica, injustamente sumida hoy en una guerra sangrienta, cuyas víctimas —que somos todos— rogamos por una renovada conversión.

Una vez asegurada la permanencia de los mansos para su evangelización, ahí mismo y más de tres años después de aquella fecha memorable, levantaron un templo y un convento con ramas y barro en cuyo rededor floreció el primer núcleo de civilización española: la Misión de Nuestra Señora de Guadalupe de los mansos del Paso del Norte. El 2 de abril de 1662 fue colocada la primera piedra "fundamental" del templo que sería terminado seis años después.

En 1668, la Misión contaba con cerca de mil habitantes y para 1680, a consecuencia del levantamiento de los indios en Nuevo México, su población aumentó con la llegada de los refugiados que huyeron del ataque dirigido por "el indio Pope". Fue la primera ocasión que esta comunidad mostraba su naciente hospitalidad a quienes buscaban un remanso de paz y una oportunidad de vida comunitaria. Podría decirse, porque se puede acreditar con la historia, que en la vocación colectiva de esta ciudad está la de ser refugio pacífico de quienes lo necesitan.

En ese templo muchas veces se oró por la pacificación de los indios de Nuevo México levantados en armas. En ese templo, conservado en el afecto de los juarenses tras diversas restauraciones, testigo del esfuerzo misionero del fundador de la ciudad, aún se clama al cielo "para que los enemigos puedan empezar a dialogar y todos podamos comprometernos en la búsqueda sincera de la verdadera paz; para que se eliminen las disputas, para que la caridad supere el odio y el perdón venza el deseo de venganza".[8]

LAS GUERRAS INDIAS, FORJADORAS DE UN ESPÍRITU DE LUCHA

El combate por la posesión de territorios que caracterizó a las guerras indias no sólo sirvió para forjar un espíritu de lucha sino que, como ha dicho Rubén Lau, contribuyó también a engendrar un entrenamiento generacional y el surgimiento de múltiples liderazgos locales con experiencia para luego asumir la responsabilidad en la solución de problemas de convivencia social. Esta idea sugiere que, en el itinerario histórico de los territorios del norte, escenario de las guerras

[8] Oración por la paz de Ciudad Juárez que se reza en todos los templos católicos desde que recrudeció la violencia provocada por la guerra del gobierno contra el crimen organizado.

indias, siempre hubo hombres que volcaron su espíritu guerrero hacia el restablecimiento de la paz. Justo lo que ahora hace falta.

Cuando Felipe V termina su reinado en España, en el norte de México los apaches[9] habían terminado también su invasión a las tierras de la Nueva Vizcaya. Al ascender al trono el melancólico borbón Fernando VI, ya corrían ríos de sangre en las tierras desérticas de Chihuahua. Había tal desorden social y tal nivel de violencia que, quienes se imaginaban gobernar desde la Ciudad de México —como parece ocurrir ahora— no alcanzaban a comprender la realidad del norte.

El tramo de las guerras indias que ensangrentaron y devastaron el antiguo territorio de la Nueva Vizcaya puede dividirse en dos etapas. La primera abarca de 1770 hasta 1810 en que se firmaron varios tratados de paz entre el gobierno colonial y los apaches. La segunda fase comprende desde 1831, en que se produce el alzamiento de los apaches instalados en el centro-norte del estado de Chihuahua, hasta 1886 en que se rinde Gerónimo, el último de los caudillos apaches.

Habituados a la guerra contra pueblos establecidos, los españoles se percataron rápidamente de las enormes dificultades para dominar a los indios bárbaros del norte sin costumbres sedentarias. El fracaso de muchas de sus expediciones se debió a que enfrentaron a un enemigo de hábitos rudos y feroz carácter, que sólo se hacía visible cuando atacaba. Algo semejante a lo que ocurre hoy en las calles asediadas por el peligro en Ciudad Juárez, donde el patrullaje de la policía federal evoca la fallida estrategia castrense que muchas veces llevó al fracaso a los expedicionarios españoles y que sólo abonó a su descrédito.

[9] Los españoles llamaron *Apaches* a los diferentes grupos de indígenas. La palabra *apache* es un vocablo inventado por los españoles que, a su vez, quería decir *enemigo* y servía para reunir bajo un apelativo a todas las tribus bárbaras.

A diferencia de la guerra que hoy azota a los actuales apaches fronterizos del norte, particularmente los habitantes de Chihuahua, los de la época colonial no defendían un territorio específico, luchaban por preservar una forma de vida, que exigía el desplazamiento libre, sin barreras, para localizar al bisonte o al venado. El pillaje era para ellos un recurso legítimo de supervivencia, no una expresión de la degradación humana como la que lastima hoy a sus descendientes.

A juzgar por la instrucción que, desde la Ciudad de México, dirigió el Conde de Gálvez en agosto de 1786 al comandante general de provincias internas, don Jacobo Ugarte y Loyola, la situación de violencia en ellas había llevado a la desesperación al gobierno de la Nueva España. Tal como ha ocurrido en el 2010, tras una sucesiva cadena de errores que el gobierno ha cometido y que se niega a reconocer para corregir. Errores que han llevado a la fatalidad a nuestro pueblo, pero también a la desesperanza.

Aquel documento histórico,[10] redactado en circunstancias distintas a las presentes, recrea la crudeza de una guerra semejante a la que hoy se libra con el crimen organizado. Reconoce como notorio el infeliz estado en que se hallaban las provincias, postradas con los rigores de la guerra, la peste y el hambre. Se reconoce el esfuerzo eficaz que cabe en el poder humano, implementado desde 1723. Se aprecian los sacrificios y fatigas de las tropas, invertidas en la pacificación y felicidad de los pueblos, para cuyo fin se habían celebrado acuerdos de paz con muchas naciones indias.

En la citada instrucción que refiere los "clamores de sangrientas hostilidades, próxima ruina y entera desolación", se

---

[10] *Instrucción formada en virtud de Real Orden de S.M., que se dirige al Señor Comandante General de Provincias Internas Don Jacobo Ugarte y Loyola para gobierno y puntual observancia de este Superior Jefe y de sus inmediatos subalternos,* reproducido en Víctor Orozco Orozco, en *Las Guerras Indias en la Historia de Chihuahua,* 1992, pp. 95-125.

insertan y enumeran 216 consideraciones y criterios de acción, asignadas a distintas provincias y jurisdicciones. Algo semejante a las "101 Acciones para la Paz" que, a sugerencia de especialistas y expertos de diversas regiones del mundo, propuso la Organización Demócrata Cristiana de América (ODCA) en 2009, mismas que fueron ignoradas por el presidente Calderón y reconocidas por diversos gobiernos en el país y en el exterior.

El gobierno de la Nueva España reconoció —también en el documento firmado por Gálvez— que la guerra era el único oficio de los Indios Bárbaros, y que lo ejercitaban con valor, agilidad y destreza. Tal como debemos reconocer sucede hoy con las bandas criminales, pero con una gran diferencia: los indios se defendían de los invasores, su guerra era justa y su causa era la supervivencia en su propio territorio. Puede decirse que les movía el patriotismo y no la perversidad que hoy mueve a los criminales que se han enseñoreado del territorio nacional.

En los puntos respectivos a la Provincia de Nueva Vizcaya, a la que pertenecía Chihuahua, se reconoce que no a todos los que hacían la guerra les movía la mala fe, lo que significaría la ruina total. El numeral 128 hace una recomendación sensata que mucho se parece a las que, infructuosamente, desde la sociedad se le han hecho al presidente Calderón: "Necesitamos mucho del uso de la prudencia en un país hostilizado por los apaches, pues ellos multiplicarán sus fuerzas, sus conocimientos y hostilidades con el auxilio de los fugitivos".

Cuando se hace alusión al "Pueblo del Paso y Provincia del Nuevo México", necesariamente se incluye a los indios mansos —primeros juarenses— que también compartían el temperamento bilioso, así como el carácter astuto, desconfiado y atrevido de los indios apaches nacidos y criados al aire libre, pero que al mismo tiempo se distinguían por una singular generosidad y nobleza que el paso del tiempo haría más evidente. Así, en el numeral 162 se lee que: "El referido pueblo es muy a propósito para celebrar paces y mantener comercio con la apachería", describiendo y reconociendo su condición pacífica que le ha caracterizado aun en circunstancias de conflicto.

Las guerras indias constituyeron el problema crucial para el gobierno, que con frecuencia cometió el error de recurrir al uso de la fuerza como reacción precipitada sin mediar un mínimo intento de planeación y de estrategia, que supone la reflexión, el análisis, el cálculo. Aquellos años representaron en Chihuahua la vuelta a la desesperación, que creció de 1838 a 1839, cuando fracasó una de las mayores expediciones militares contra los apaches, la emprendida por el gobernador Simón Elías González. La estrategia fallida de entonces consistió en recurrir al peor de los métodos para combatir a los apaches: las famosas "contratas de sangre",[11] un precepto jurídico por el cual el gobierno de Chihuahua pagaba una recompensa por cada apache que era asesinado o capturado.

Al convertirse el río Grande en frontera internacional, tras la guerra de 1846-1848, El Paso del Norte se quedó en el territorio de Chihuahua, pero las comunidades del otro lado del río, que incluían Ysleta, Socorro, San Elizario y la Villa Ponce de León, se convirtieron en parte de los Estados Unidos. Esta modificación geopolítica en nada cambió la realidad neosocial. Las luchas siguieron escenificándose con la misma dinámica, sin reconocer límites internacionales. Hoy es distinto, cuando muchos juarenses han encontrado lugar seguro para vivir al otro lado del Bravo, sin dejar por ello su comunidad.

La batalla de Tres Castillos, ocurrida en octubre de 1880, es tenida como el símbolo de la victoria final de una guerra de un siglo. En ella fueron derrotados los apaches a manos de campesinos chihuahuenses dirigidos por Joaquín Terrazas. En

---

[11] *La guerra larga de Chihuahua*, ensayo preliminar de Víctor Orozco para la obra *Las Guerras Indias en la Historia de Chihuahua*, editada en 1992 por la Universidad Autónoma de Ciudad Juárez y el Instituto Chihuahuense de la Cultura.

1892 se registró la última incursión apache. Eran los restos de una nación que batalló durante más de cien años —primero con los españoles, luego con mexicanos y norteamericanos— pero que fueron crisol de un espíritu de lucha, indómito, que hoy distingue a los chihuahuenses.

Al rememorar las llamadas Guerras Indias de los Bárbaros del Norte, la principal tendencia de escritores e historiadores es la de fustigar a los nativos de estas agrestes y majestuosas tierras, así como de justificar las decisiones de gobierno que oscilaban entre perseguir a los indios o declararles la guerra, pasando por negociar con ellos. En Chihuahua, con frecuencia se afirmó indispensable hacerles la guerra a los indios por cuantos medios fuese posible, como hace notar José María Ponce de León en sus *Reseñas históricas* en 1907.

El 16 octubre de 1831, por ejemplo, se giró una circular de la Comandancia General e Inspección del Estado de Chihuahua y Territorio del Nuevo México, en la que José Joaquín Calvo, comandante general, ordenó:

> Militares: hoy hago resonar por toda la frontera del Norte el grito de guerra contra los enemigos comanches por la muerte de los valientes soldados de Chihuahua y Norte, Quiterio Rivera y Eugenio Heredia... así como por la de los vecinos pacíficos del Paso y Norte, sacrificados por los bárbaros otras ocasiones.[12]

Esta consigna y razonamiento son muy parecidos a los que, 175 años después, haría el Comandante Supremo de las Fuerzas Armadas, Felipe Calderón Hinojosa, a escasos días de haber asumido la Presidencia de la República: hacer la guerra bajo la advertencia de que tendría un costo necesario de vidas humanas. Hoy los mexicanos preguntan: "¿Cuántas más, señor presidente?"

---

[12] Víctor Orozco, *Las Guerras Indias en la Historia de Chihuahua*, edición de la Universidad Autónoma de Ciudad Juárez y del Instituto Chihuahuense de la Cultura, 1992, p. 205.

PASO DEL NORTE, REFUGIO PACÍFICO DEL PRESIDENTE JUÁREZ

Durante el último tramo de las Guerras Indias en Chihuahua, que coincidió con la última reelección del presidente Benito Juárez —realizada, por cierto, de forma irregular con la ratificación ilegal del Congreso el 14 de junio de 1861[13]— la realidad de la nación era bastante precaria. La crisis económica y la enorme deuda externa llevaron a la suspensión de pagos, lo que precipitó los acontecimientos y ocasionó en gran parte la intervención francesa dirigida por Napoleón III con el propósito de establecer en México una monarquía aliada. Era el inicio de un episodio dramático en la vida nacional, del que no quedaría exento el estado de Chihuahua.

El Gobierno Nacional resolvió abandonar la Ciudad de México sin defenderla y cambiar la residencia de los Supremos Poderes Federales a San Luis Potosí. Comenzaba así el gobierno itinerante de la república, después de que el Ejecutivo fue investido de las facultades extraordinarias que justificaban las circunstancias. La peregrinación que iniciaba el presidente Juárez, acompañado de sus secretarios de Estado, lo llevaría hasta la remota villa de Paso del Norte, hoy Ciudad Juárez, desde donde regresaría a la residencia del Gobierno Nacional después de cuatro años.

El presidente Juárez no pudo permanecer mucho tiempo en San Luis Potosí. El avance de las columnas francesas lo hizo dejar la ciudad el 22 de diciembre de 1863 para peregrinar más al norte, al tiempo que miles de mexicanos dejaban de reconocer que representaba la legalidad y la autoridad de la república. Llegó a Saltillo acompañado por un contingente muy reducido, pues el ejército republicano había sido destruido. De ahí se fue a Nuevo León y estableció el gobierno

---

[13] Alejandro Villaseñor y Villaseñor, *El Golpe de Estado de Paso del Norte*, Colección México Heroico, Editorial Jus, 1962, pp. 116-118.

republicano en Monterrey, de donde tuvo que salir cuando Maximiliano de Habsburgo entró a la Ciudad de México con el respaldo económico, político y militar de Francia.

Cuando Juárez partió a lo que más pareció una huida, ya la mayoría de los estados no tenían gobierno republicano y los ejércitos eran casi inexistentes; los principales generales habían emigrado, se refugiaron en las montañas o se habían sometido. La intervención imperaba en la mayor parte del país.

Derrotadas sus fuerzas en Mapimí, Durango, se dirigió a Chihuahua. Ahí pudo permanecer tranquilo algún tiempo, pues las fuerzas francesas creyeron más conveniente avanzar para Sonora y Sinaloa.

El año de 1865 comenzó con fallidos intentos de reagrupación y fortalecimiento de los juaristas que coincidieron con el movimiento del jefe francés Brincourt sobre Chihuahua. Juárez se vio obligado a dejar su asilo y atravesar nuevamente el desierto para ir a refugiarse en la pequeña y casi desconocida, hasta entonces, población de Paso del Norte.

Nuevamente las orillas del río Bravo y el calor desértico, en la frontera con Estados Unidos, dieron acogida a quien buscaba lugar seguro para establecerse. Esta vez fue el presidente de México, quien huía de los franceses y cuyo gobierno en el exilio se refugió en este pueblo de tradición pacífica y hospitalaria.

Con descarnado realismo, y contra lo que suelen decir los "historiadores" oficialistas, describe Alejandro Villaseñor y Villaseñor la situación en que don Benito se encontraba cuando estuvo refugiado en esta frontera: sin soldados, sin armas, sin súbditos, olvidado de casi todos, relegado al recinto de una pequeña y olvidada población, viendo disminuir diariamente el número de sus escasos partidarios.

El carácter tenaz de Juárez no sólo no se doblegó, sino que se aferró más y más, no a un poder que ya no existía, sino a un título del que sólo por la muerte quería desprenderse. No teniendo a quiénes dictar leyes, ni ocupaciones a qué dedicarse, emprendió con tesón la tarea de hacerse aliados a cualquier costa en los Estados Unidos, de nulificar a sus rivales y de perpetuarse en el puesto costase lo que costase.[14]

El maquillaje de la historia "oficial", basado en versiones del Periódico Oficial del Gobierno Constitucional de los Estados Unidos Mexicanos, habla de eventos festivos a plaza llena donde el entusiasmo desbordante parecía ignorar la grave situación política y militar que envolvía a Juárez.

Al amparo de esta frontera, sin consultar más que a sus propias aspiraciones, Benito Juárez quiso permanecer por tiempo indefinido en el poder precario e ilusorio que ejercía, mediante un golpe de Estado. Para ello expidió dos célebres decretos el 8 de noviembre, que constituyen uno de los actos más trascendentes ocurridos durante la peregrinación y que, todavía hoy, son motivo de discrepancias jurídico-constitucionales entre los investigadores, por lo cuestionable de su validez. El primero prorrogó el mandato presidencial de cuatro años por tiempo indefinido, el que durara la guerra internacional. El segundo sentenció la responsabilidad del general Jesús González Ortega, como presidente de la Suprema Corte de Justicia y general del Ejército Republicano, por haberse ido a radicar al extranjero sin permiso del Gobierno Nacional.

La parte resolutiva del primero de estos polémicos decretos decía:

Art. 1º. En el estado presente de guerra, deben prorrogarse y se prorrogarán, las funciones del Presidente de la República, por todo el tiempo necesario, fuera del periodo ordinario constitucional, hasta que pueda entregar el Gobierno al nuevo Presidente que sea elegido, tan luego como la condición de guerra permita que se haga constitucionalmente la elección.

El documento remataba así:

---

[14] Alejandro Villaseñor y Villaseñor, *El Golpe de Estado de Paso del Norte*, monografía, Jus, 1962, p. 154.

Por tanto, mando se imprima, publique, circule y se le dé el debido cumplimiento. Dado en el Paso del Norte, a ocho de noviembre de mil ochocientos sesenta y cinco. —Benito Juárez—. Al C. Sebastián Lerdo de Tejada, Ministro de Relaciones Exteriores y Gobernación.

Personalidades relevantes de la clase política y militar se inconformaron por semejante autoproclamación. Jesús González Ortega, Presidente Constitucional de la Suprema Corte de Justicia de la República Mexicana, que no era un talento ni mucho menos —y que aspiraba a la presidencia del país— se quedó perplejo con lo decretado por Juárez. Su protesta, acompañada de sendo manifiesto, hizo que los Estados Unidos vacilaran en reconocer al autonombrado presidente legítimo.

La protesta dirigida a Lerdo de Tejada el 21 de diciembre de 1865, contiene expresiones más que elocuentes como las siguientes:

El acto inmoral e impolítico que ha consumado D. Benito Juárez... son contra lo expresamente prevenido por la Constitución política de la República, y en consecuencia ilegales, arbitrarios e injustos... crean una dictadura... son contra las facultades delegadas al Poder Ejecutivo por el Congreso... comprometen seriamente la independencia nacional... importan un insulto al pueblo mexicano.

En este rincón "donde comienza la patria",[15] un presidente de México hecho ícono nacional, aunque en política no tuvo ningunos principios y cuya ambición personal era desmedida, dio un golpe de Estado para perpetuarse en el poder. Inaudito y paradójico, tratándose del hombre cuyo nombre lleva la ciudad que le recibió con generosa hospitalidad.

A finales de 1865 y a principios de 1866, se vivieron los días y los meses más difíciles para la causa de la república, en me-

---

[15] *"Donde comienza la patria"*, lema que se lee en el escudo de Ciudad Juárez.

dio de la lucha contra la intervención y el Imperio. Aunque con regateos, Juárez fue logrando apoyo de los Estados Unidos, a quienes había concedido demasiado. Los republicanos fueron adquiriendo preponderancia en diversas regiones del país, a causa de la retirada que por todas partes empezaron a hacer las tropas francesas. Éstas se concentraban en la Ciudad de México para dejar el país, pues Napoleón III requería la presencia de sus soldados en Europa porque Francia estaba al borde de la guerra contra Prusia.

El arribo de los invasores a la ciudad de Chihuahua determinó a Juárez a dejar las orillas del Bravo para dirigirse hacia la capital del estado y establecer allí la sede del Gobierno Nacional. El ejército juarista de la frontera habíase ya formado y apertrechado con buen armamento, y con el nombre del Ejército del Norte se dirigió a Chihuahua el 13 de noviembre de 1866. Fue el inicio de su retorno a la Ciudad de México que, engalanada, lo recibió el 15 de julio de 1867.

Ya establecido en la capital del país, ese mismo día convocó a obtener y a consolidar los beneficios de la paz. "Que el pueblo y el gobierno —dijo— respeten siempre los derechos de todos". Y sentenció: "Entre los individuos como entre las naciones, el respeto al derecho ajeno es la paz".

Justo lo que ahora hace falta en el país y, particularmente en la ciudad que fue el lugar pacífico y de brazos abiertos que albergó al presidente Juárez y le ayudó a recuperar la fuerza militar y política que le permitió lograr sus propósitos.

SURGE LA CIUDAD COSMOPOLITA
ACOSADA POR LA GUERRA

El 20 de noviembre de 1910 inició el movimiento social más importante de la historia contemporánea de nuestro país con la sublevación del coahuilense Francisco I. Madero, quien después de varios fracasos políticos en su estado fue conocido por la publicación de *La Sucesión Presidencial*, en cuyas páginas expresaba su admiración por el presidente Porfirio Díaz.

Paradójicamente, Madero había convocado a levantarse en armas contra el régimen de Díaz —que llevaba más de treinta años en el poder— bajo el lema "Sufragio efectivo, no reelección". El estado de Chihuahua, por su extensión geográfica y posición estratégica y limítrofe con Estados Unidos, tendría un papel preponderante en la lucha revolucionaria. En Ciudad Juárez se encuentran muchas de las claves para dar luz a una nueva y necesaria reinterpretación de la Revolución mexicana.

De aquella fecha memorable al 25 de mayo de 1911, en que dimitió don Porfirio, transcurrieron poco más de seis meses y tuvo lugar el primer acontecimiento de la revuelta armada: la batalla de Ciudad Juárez que, por una u otra razón, la historiografía oficial —que sólo enaltece a los ganadores— ha pretendido ignorar su trascendencia, o simplemente dejarla en el olvido para dar pie a interpretaciones cómodas de lo que realmente fue y significó la Revolución para nuestro país.

La batalla de Ciudad Juárez, aunque no suelen decirlo muchos historiadores y cronistas, no sólo significaría el final del antiguo régimen, sino como dijera Alfonso Reyes, "una cuarteadura, un leve rendijo por donde se coló el aire de afuera y aquella vieja cámara, incapaz de oxigenación, estalló como una bomba".[16]

Con la llegada del ferrocarril en 1883 y siendo zona de libre comercio, Ciudad Juárez pasó a ser el principal camino a la frontera, lo que le trajo auge, crecimiento, modernidad y un pujante desarrollo turístico que marcó el inicio de una ciudad cosmopolita con sus altas y bajas.

Por presión estadounidense, la Secretaría de Hacienda puso fin al periodo de libre comercio en 1905 y, en la víspe-

---

[16] Pedro Siller y Miguel Ángel Berumen, *1911 La Batalla de Ciudad Juárez I. La Historia*, Cuadro por Cuadro, imagen y palabra, Berumen y Muñoz Editores, 2003, p. 15.

ra de la Revolución y del primer centenario de vida independiente de nuestra nación, Ciudad Juárez se vio abrumada por
profundos trastornos económicos que, junto con la escasez de
agua y la devaluación de la moneda, muy pronto colapsarían a
la ciudad. Estos problemas fueron olvidados temporalmente
en 1909, durante la visita a esta frontera de los presidentes
Porfirio Díaz y William Howard Taft, que fueron recibidos
con gran entusiasmo y, sobre todo, con esperanza.

Estaban por venir tiempos más difíciles con el estallido
de la violencia en 1910, episodio que serviría para desarrollar
al máximo el papel histórico de este pueblo fronterizo que
hoy, también en medio de una guerra, vuelve a jugar un papel preponderante en la vida nacional. Aunque parecen no
entenderlo así sus tres órdenes de gobierno. A medida que se
aproximaba la Revolución, aumentó la emigración de mexicanos —venidos de todas partes— hacia Ciudad Juárez, que
por aquellos aciagos días tenía una población superior a los
11 000 habitantes.

Desde 1909 se sabía que don Porfirio Díaz se había desdi-
cho de su promesa de retirarse y pretendía presentar su can-
didatura para una séptima reelección. El ambiente político
se calentó por los fines personales y egoístas del Presidente,
quien pudo evitar la revolución con postular en la vicepresi-
dencia a alguien propuesto por Madero —como pretendían
éste y su familia— y no al impopular Ramón Corral.

Madero, que era más emotivo que inteligente, visitó a
don Porfirio con la esperanza de que permitiese a su partido
proponer al candidato a vicepresidente. Ante la negativa del
anciano presidente, don Francisco fue postulado por el partido anti-reeleccionista llevando al doctor Vázquez Gómez
como compañero de fórmula. En la recta final de su campaña
electoral como candidato presidencial, que transcurrió en los
primeros meses de 1910, fue arrestado bajo el fútil pretexto
de haber lanzado afirmaciones subversivas e insultar al Presidente.

Tras la abrumadora victoria electoral de Díaz y Corral en julio de 1910, el germen revolucionario se incubó en el espíritu de Madero, que estaba preso en San Luis Potosí. A petición del delegado pontificio y del obispo de San Luis Potosí, Díaz accedió a dejar en libertad bajo caución a Madero, quien huyó a San Antonio, Texas. Desde ahí, empujado por su hermano Gustavo y otros pocos —pues Francisco no era un hombre de decisiones— lanzó su Plan de San Luis con la demanda de invalidar la última elección y con la excitativa a la nación para levantarse en rebelión el 20 de noviembre.

Nada aconteció en la fecha prevista para el levantamiento armado. Ese día el idealista Madero —autonombrado Presidente Provisional de la República— cruzó la frontera de México en Piedras Negras. Lo que se suponía sería un pujante inicio de la revuelta no tuvo la respuesta esperada, pasó sin pena y sin gloria, pues al ingresar a México por Coahuila, sus seguidores no sumaban más de una docena.

Desilusionado, Madero —cual débil de carácter que era— estuvo dispuesto a confesar que todo había sido un disparate y a pedir amnistía después de reconocer a Díaz. Finalmente optó por regresar a San Antonio donde, alentado por Abraham González, uno de sus partidarios chihuahuenses, se dispuso a reorganizar una nueva entrada a su patria.

Abraham González construyó un verdadero ejército y una red de apoyos que puso a disposición de Madero para la causa revolucionaria. Reclutó a personajes que llegarían a ser figuras relevantes del movimiento. Invitó a Pascual Orozco, su paisano de la región serrana, que tenía reputación de hombre trabajador y honrado. Trajo también al duranguense Francisco Villa, quien de ser un famoso bandido en la zona, pronto sería conocido como un hábil estratega militar.

Desde los primeros días de 1911, hubo visos de tiempos difíciles para las dos ciudades que formaban la mayor comunidad fronteriza entre México y Estados Unidos. Se presentía que algo acontecería precisamente allí, donde convergían dos naciones y tres estados, caminos y ferrocarriles, aventureros —nacionales y extranjeros— y revolucionarios, miedos y esperanzas.

A sugerencia de Abraham González, que había mantenido el movimiento armado más importante de la república a favor de Madero, éste se trasladó de San Antonio a El Paso para intentar tomar Ciudad Juárez. La acción estaría a cargo de Pascual Orozco con sus quinientos hombres.

La noticia de que las fuerzas de Orozco se dirigían a Ciudad Juárez causó pánico entre sus habitantes quienes, asaltados por el miedo y una sensación de tragedia —como también ocurre hoy, cien años después, en medio de la guerra— se trasladaban a El Paso dejando sus casas. Temerosos de que el asalto a la ciudad trajera consigo pillaje y destrucción, los bancos y establecimientos comerciales cerraron sus puertas. Atraídos por lo que ahí sucedía, durante esos días llegaron periodistas de todo el mundo, y sus reportajes —como también ocurre ahora, desde hace varios años— daban la vuelta al planeta lastimando y desprestigiando a una comunidad trabajadora y pacífica.

La batalla de 1911, preludio de la paz

Aquel intento de tomar Ciudad Juárez a principios de febrero de 1911, resultó difícil para la acción revolucionaria y los estadounidenses, quizás para congraciarse con Díaz, ordenaron la detención de Madero y González. El líder de los insurgentes, presionado por la orden de aprehensión, tres días después cruzó de nuevo la corriente del río Bravo y entró por la localidad de Zaragoza, cerca de Ysleta. Ya en México se dirigió a Guadalupe, donde expidió sus primeros documentos como Presidente Provisional de México.

Otra vez Madero capitaneaba la invasión armada de su patria. Rodeó los médanos de Samalayuca, atravesó las estériles lomas de La Magdalena y, tres semanas más tarde, retó al porfirismo en Casas Grandes. Ahí tuvo la prueba de la primera batalla y estuvo a punto de ser capturado. Partió rumbo a la frontera y después de cruzar la sierra de Juárez llegó al Rancho Flores el 16 de abril de aquel año que dejaría huella profunda en la historia de Chihuahua y de México.

Francisco I. Madero acampó a escasos veinte metros del primer obelisco que marca el límite fronterizo entre México y Estados Unidos, a unos 60 metros del río Bravo. Del lado norteamericano, es el punto limítrofe entre Texas y Nuevo México, ahí donde el río Bravo comienza a ser línea divisoria natural entre los dos países. Madero había llegado a Ciudad Juárez sabiendo de su hospitalidad y de la tranquilidad en que, pese a la crisis económica, vivía su comunidad a principios del siglo XX, como había sido siempre.

En ese lugar de viviendas rústicas, el jefe insurgente instaló su despacho en una pequeña casa de adobe conocida así, como la Casa de Adobe o como la Casa Gris. Ésta fue sede de la comandancia general del ejército libertador y el centro de contacto de Madero con los fotógrafos y la prensa. Durante un brevísimo lapso, sería sede de su "Presidencia Provisional". Desde ahí pugnó con gran dedicación —hay que reconocerlo— por el restablecimiento de la paz que se veía amenazada por brotes revolucionarios. Para entonces, el Paso del Norte había cambiado de nombre desde 1888, cuando se le llamó Ciudad Juárez en honor a Benito Juárez.

Hasta aquel paraje acudieron Toribio Esquivel Obregón y Óscar Braniff, los enviados de Díaz para tratar de negociar con el líder de la revolución. Cerca de ahí, en diversos campamentos se habían instalado las tropas de Francisco Villa, Pascual Orozco, José de la Luz Blanco y los extranjeros Giuseppe Garibaldi y Benjamín Johannes Viljoen. Entre todos los grupos revolucionarios sumaban alrededor de 2 500 hombres. Por esos días llegó también Venustiano Carranza.

Las negociaciones tenían lugar en una tienda de lona instalada en un lugar conocido como Las Moras, entre el campamento maderista y Ciudad Juárez. A principios de abril aquéllas no avanzaban y Madero tenía cada vez más problemas para contener a su gente. Los insurgentes comenzaban a mostrar síntomas de desánimo porque no entendían las causas de la demora para tomar la plaza, fortificada y custodiada por los federales al mando del general Juan J. Navarro.

El 7 de mayo estaba claro que habían fracasado las conferencias de paz. Madero —que no quería iniciar la batalla— tomó la decisión de abandonar el campamento. Los lugartenientes del caudillo demócrata, que no habían tomado parte en aquéllas, desatendieron su orden de dirigirse con sus fuerzas al sur de la república sin atacar la ciudad. "Acordamos atacar Juárez... sin consultar a Madero", dice Garibaldi en sus memorias.

Los jefes rebeldes instruyeron a sus soldados de iniciar el tiroteo con cualquier pretexto y descargaron su ataque sobre la ciudad el día 8 de mayo. La batalla empezó en Arroyo Colorado, cerca del Molino de Montemayor, donde parroquianos del barrio Bellavista se unieron a los insurgentes. Después, el combate se tornó furioso; el valor y arrojo de los atacantes causaron pánico entre los federales.

Iniciada la reyerta, Madero —de quien era notoria su falta de autoridad— en vano intentó persuadir a sus seguidores de parar la batalla. Éstos no quisieron consentir en retroceder el ataque y abandonar la plaza con lo que se había ganado. El jefe de aquellos aguerridos combatientes no tuvo más remedio que aceptar el desarrollo de los acontecimientos en la madrugada del día 9 de mayo.

Tras el consentimiento forzado, Garibaldi entró por la avenida Juárez rumbo al centro de la ciudad. Una columna atacó la plaza de toros, donde se encontraba una parte de las fuerzas federales. Otra caminó a la cárcel, al edificio de la aduana —orgullo de los juarenses— y a la catedral.

El día 9 fue el de los combates más fuertes y cuando más daño sufrió la población civil. Toda la ciudad se quedó sin luz, teléfono, telégrafo y agua. En la oscuridad, unos rebeldes se abrían paso con barras de hierro a través de las casas de adobe. Otros ocupaban los techos y ponían fuera de combate a los tiradores federales de las torres y azoteas. La falta de agua y alimentos, aunada al calcinante calor del desierto, provocaba estragos en la moral de las tropas federales, que estaban rodeados por todas partes y sin esperanza de ayuda.

Para el atardecer, las calles estaban sembradas de cadáveres, algunas oficinas públicas y casas adyacentes ardían en llamas. Para el anochecer, apoyados por algunos juarenses, los insurgentes ya habían ocupado las azoteas vecinas al cuartel general de los federales. Era evidente que Navarro no podría resistir mucho. Ciudad Juárez prácticamente había caído.

La madrugada del día 10, con 650 hombres, Villa atacó desde el sur a lo largo de la vía del ferrocarril. Durante el desarrollo de la batalla, Madero vigilaba desde las lomas entre la Casa de Adobe y Ciudad Juárez. Estaba exaltado y ansioso de estar en el centro de batalla, pero su estado mayor no le permitió acercarse mucho a la zona de conflicto. En medio del caos y el desasosiego generalizado, desde la orilla estadounidense del río Bravo, una muchedumbre de curiosos también observaban el tiroteo y apreciaban los efectos de la fatiga de los federales. Habían bastado tres días para que la ciudad quedara completamente en ruinas.

Entre el humo, los escombros y el hedor de la muerte, apareció el desfile de los revolucionarios vencedores con la bandera de México como estandarte.

En gesto muy humanista, como en señal de respeto por la fisonomía pacifista de la plaza, Madero recomendó a los jefes rebeldes que trataran con toda clase de consideraciones a los prisioneros. El 11 de mayo Madero organizó su gobierno, integró su gabinete e hizo diversos nombramientos al tiempo que Villa y Orozco intentaron sublevarse.

El 17 de mayo se reanudó el diálogo para tratar de restablecer el orden nacional. La noche del 21 de mayo afuera de la aduana, con la luz de cerillas y de los faros de algunos automóviles, y sobre la espalda de alguien que hizo las veces de mesa, fue firmado el convenio de paz.

Los compromisos contraídos incluían la renuncia de Díaz y Corral, antes de que hubiese terminado el mes. En tanto, el jefe de la revolución renunciaría igualmente al cargo de Presidente Provisional, que habría de ejercer en virtud del Plan de San Luis. El que, firmado el 5 de octubre de 1910, había servido de bandera a la Revolución.

Con gran dignidad y envuelto en patriotismo, el 25 de mayo dimitió el General Porfirio Díaz. Presentó su renuncia por escrito a la Cámara de diputados:

El pueblo mexicano —les dijo— se ha insurreccionado en bandas armadas, manifestando que mi presencia en el ejercicio del Supremo Poder Ejecutivo, es causa de su insurrección.

Y con ejemplar gallardía agregó:

No conozco hecho imputable a mí que motivara ese fenómeno social; pero permitiendo, sin conceder, que pueda ser un culpable inconsciente, esa posibilidad hace de mi persona la menos apropiada para raciocinar y decir sobre mi propia culpabilidad.

Y vino la frase tan esperada por muchos mexicanos:

En tal concepto... vengo ante la Suprema Representación de la Nación a dimitir el encargo de Presidente Constitucional de la República, con que me honró el pueblo nacional; y lo hago con tanta más razón, cuanto que para retenerlo sería necesario seguir derramando sangre mexicana...

El presidente de México se había equivocado y su necedad llevó al pueblo a una lucha intestina que bien pudo evitarse si hubiese habido actitud de escuchar y enmendar. El repudio popular le obligó a ceder ante Madero y por fin, sus yerros personalistas le orillaron a una decisión de estadista: su propia renuncia a la presidencia de México. Tan fácil que hubiese sido corregir a tiempo su estrategia fallida.

La batalla de Ciudad Juárez —no planeada ni autorizada por Madero— fue el primer encuentro realmente importante de la Revolución mexicana. Además, fue decisiva para hacer caer del poder al octogenario gobernante de México y colocar, tras un breve interinato presidencial, a un hombre débil en la candente silla del Ejecutivo federal: el propio Madero. Fue a su vez un acto inicial de gran significado para lo que sería la primera revolución social del siglo XX.

En los años siguientes, esta ciudad fue tomada muchas veces por las diferentes facciones en pugna. En 1916 casi estalló una lucha abierta entre los habitantes de El Paso y Ciudad Juárez, y por ende entre los dos países, cuando los norteamericanos apostaron tropas a lo largo del lado americano del río. Protestaban por los ataques realizados por los bandidos y por los revolucionarios mexicanos a lo largo de su territorio fronterizo en Texas. También reaccionaron ante las imprudencias y desmanes de Villa, cuyas actividades en la frontera se volvieron legendarias, y quien hizo su último intento de capturar Ciudad Juárez en 1919, afortunadamente sin éxito.

Fue una década en que la vida en esta frontera osciló entre la excitación y la tragedia, y en la que gran parte de la población abandonó la ciudad. Como ha ocurrido en estos dos últimos años de violencia y crueldad del México democrático en pleno siglo XXI.

Hoy, las chimeneas de la vieja fundidora American Smelting and Refining Company (ASARCO), que aún destacan en el paisaje fronterizo de El Paso, son mudas testigos de una guerra más sangrienta y cruel que la que presenciaron en 1911 en territorio mexicano: la guerra injusta de Ciudad Juárez. Esta nueva confrontación esperamos termine como la primera, con un acto de sensatez desde el gobierno.

LA FALSA IMAGEN DE CIUDAD JUÁREZ

El desconocimiento de la peculiar forma de vida en la frontera, así como su lejanía del resto del país en casi todos los aspectos, ha sido factor determinante para que quienes algo tienen que hacer o decidir en ella —aun con recta intención—, con frecuencia cometan algún error o una injusticia de apreciación o de acción. Sobre todo cuando prescinden de la opinión de quienes aquí vivimos.

En la segunda década del siglo pasado, después de la batalla de 1911, los conmutantes[17] de Ciudad Juárez sufrían humillaciones al otro lado del río, y la comunidad también era objeto de comentarios que la descalificaban desde el exterior. Las múltiples descripciones que de ella solían hacer los vecinos del norte, casi siempre eran insultantes o denotaban menosprecio por los fronterizos mexicanos. Aunque disminuidas, todavía subsisten algunas de esas ínfulas xenofóbicas.

Para un bostoniano que estuvo dos o tres semanas en El Paso en 1915, recogiendo material para una serie de artículos sobre la frontera que se publicarían en el *Boston Herald*, una visita a Ciudad Juárez constituía un viaje del siglo XX al XVII. Ese periodista —como muchos que hoy hablan desde su ignorancia y escriben de Ciudad Juárez en el mundo— afirmó en un artículo titulado "La ciudad más perversa":

> Desnúdese de su esplendor a los palenques de gallos y a las plazas de toros de Madrid, añádase un Montecarlo de segunda clase, y se tendrá una fotografía instantánea de Ciudad Juárez..., que ahora es llamada La Ciudad más Perversa de América. Quizá no es la más perversa, sino la más obviamente perversa... En Juárez viven unos cuantos criminales famosos, pero también se aloja un enjambre de estafadores, falsificadores y pillos de baja

[17] Se les llama "conmutantes" a los residentes de la frontera que diariamente cruzan a Estados Unidos para ir a trabajar y regresan a sus domicilios en el lado mexicano.

estofa. Además de una rara colección de drogadictos y borrachos, en Juárez abundan los soldados ociosos...[18]

Como esa versión cargada de cizaña hoy corren otras similares. Sustentadas en estadísticas, sí, pero incapaces de distinguir el terreno peligroso, vuelto así por mafias e intereses ajenos a Ciudad Juárez, de la comunidad de suyo hospitalaria y pacífica que ahora es la más violenta e insegura del mundo.

Son legión los periodistas y escritores insensatos que han gastado tinta a granel para explotar el amarillismo ramplón del que muchos viven, y para posicionar impunemente una falsa idea de esta noble y poco comprendida comunidad fronteriza. Los casos de excepción son pocos por desgracia.

Muchos son también quienes, desde una posición política o empresarial, desde el propio México o desde el exterior, la señalan con índice de fuego y desparraman "recomendaciones" para no verla como opción de visita o tránsito, alejándola aún más del resto del mundo. Le han creado una falsa imagen, inhumana e injusta.

Hay quienes dicen que la frontera del norte, la frontera mexicana por antonomasia, siempre se ha prestado a un imaginario provisto de mitos, prejuicios y más a un "querer que sea" que a un "así es". Más cuando se está lejos de ella y la noción previa ha sido alimentada con deseos y proyectos sin sustento, al menos en la vista. A la distancia, no ha dejado de ser una región indómita, pletórica de riesgos, apartada de los modelos civilizados de comportamiento y una constante incógnita sobre las tendencias políticas y culturales de la gente que la habita.[19]

---

[18] Byers, "The most Wickedest City", citado en Óscar J. Martínez, *Ciudad Juárez: el auge de una ciudad fronteriza a partir de 1848*, 1982, p. 77.

[19] R. B. Brown (Ed.), *Introducción e imperio del ferrocarril en el norte de México*, 2009, Universidad Autónoma de Ciudad Juárez, capítulo VI: *El ferrocarril y la nueva visión de la frontera*, Ricardo León García, p. 173.

Debido a esta falsa imagen que se le ha creado a Ciudad Juárez, muchas personas asumen a *priori* que sus habitantes son delincuentes y los denigran sin reflexión alguna. Hay un claro ejemplo de ello: en enero de 2009 un grupo de 18 jóvenes fue masacrado durante una fiesta, al tiempo que el presidente Calderón se encontraba de gira en Japón.

En sus primeras declaraciones, dio un "pésame" que fue mal recibido por la comunidad fronteriza, pues afirmó que muy probablemente los muchachos habían sido asesinados por pertenecer a una pandilla o "rivalidad entre dos grupos de jóvenes". Era el presidente de México hablando de sus compatriotas en el extranjero, abonando al descrédito de la comunidad fronteriza de Chihuahua. Cuando vimos los noticieros transmitidos desde el otro lado del mundo, indignados y tragando nuestro amargo coraje, aquí nos preguntamos: "¿Quién es el estúpido que le informa al Presidente?"

Cuando más dolidos se encontraban no sólo sus familiares y amigos, sino con ellos la ciudad entera, se les acusó infundadamente, sin investigación, sin pruebas, sin siquiera evidencias que hacia allá apuntaran. De nada valió que muchos de los jóvenes asesinados fueran estudiantes ejemplares y deportistas, arrancados violentamente del cobijo de sus hogares. Antes de extender sus condolencias, el primer mandatario —formado en el humanismo cristiano— ensució su memoria sin pensarlo dos veces debido a que fueron víctimas del crimen, pero también juarenses inocentes.

Esta percepción que el profesor-investigador Ricardo León García atribuye principalmente a quienes no conocen o han vivido en la frontera es, como él mismo destaca, la herencia que la Colonia dejó en la memoria social mexicana desde las Guerras Indias a que hemos hecho referencia antes. La lejanía del centro del país, en efecto, agudizó una tendencia autónoma respecto del Estado, cuya capacidad de respuesta inmediata era casi nula.

Hay una tesis que parece reconocer el presidente Calderón: afirma León García que el discurso peyorativo referido a Ciudad Juárez y la imagen creada a sus habitantes llevó a muchos fronterizos a personificar las descripciones de ellos divulgadas "y un buen día comenzaron a ponerse el disfraz de valientes guerreros, amantes del relajamiento moral que ahogaba a sus congéneres en otras latitudes, y temidos hombres que jamás aceptarían la imposición de quienes no terminaron de comprender cómo es que se hace y se vive la frontera en la cotidianidad norteña".

Suponiendo sin conceder, que nos pusimos el disfraz de lo que no somos y contribuimos, con intención o sin ella, a dibujarnos una fisonomía que nos es ajena; que propiciamos ser vistos e interpretados como una sociedad anárquica, que hicimos de nuestra ciudad una tierra sin ley, contraria a las buenas costumbres y de actitudes groseras e irreverentes. Pues llegó la hora de revertir el daño con la ayuda, o sin ella, de nuestros gobernantes; de volver a nuestra naturaleza vinculada al esfuerzo y la laboriosidad, a la alegría bulliciosa pero respetuosa.

Detenemos la marcha desenfrenada al precipicio de la historia, o nos reivindicamos a nosotros mismos sin seguir esperando que otros hagan lo que es urgencia nuestra. Rectificamos nuestra imagen con una conducta social que nos represtigie, o perecemos con ella humillados en nuestra propia vergüenza y hundidos en los propios mitos. Los que otros confeccionaron y que nosotros, supuestamente, nos los pusimos.

III. Bicentenario de dos guerras

Doscientos años de haberse iniciado la lucha de independencia y cien de haber estallado la revolución, no parecen ser motivo de celebración para la mayoría de los mexicanos, inmersos en una crisis económica y de inseguridad que se antoja consecuencia de una deficiencia institucional que no permite un ambiente festivo. Además, lo lógico sería festejar la culminación de ambas guerras y el restablecimiento de la paz social; rememorar las hazañas que pusieron fin a largos periodos de sufrimiento humano. Del inicio de una gesta, si acaso hay que reconocer el esfuerzo por volver a empezar, cuando es el caso.

Aunque se pretenda imprimir una imagen de festividad al "bicentenario", en México no hay razón suficiente para celebrar el inicio de dos guerras cuando se respira un clima de violencia inmerecida en todo el territorio nacional, o cuando se sobrevive en una guerra injusta como la de Ciudad Juárez. Aquí anhelamos vivir en paz, no hay ánimo para celebrar el arranque de dos episodios sangrientos cuando el peligro y la muerte acechan nuestras calles y domicilios desde hace más de dos años.

El fingido entusiasmo de quienes conocen la real historia de México, o el que es auténtico por ignorancia de nuestro pasado, no reemplaza la desesperanza de muchos, ocasionada por el saldo de sangre y el quebrantamiento social que en esta frontera supera el de cualquier experiencia de disputa registrada en sus más de trescientos años de existir como comunidad.

¿GUERRA JUSTA?

El humanismo cristiano durante siglos ha configurado una tesis que, bajo ciertas circunstancias rigurosamente actualizadas, justifica la guerra y la llama "justa". Ha brindado a la humanidad un sólido aparato teórico para tasar el talante ético de un conflicto armado, la doctrina de la guerra justa, que puede resultar útil para analizar la guerra declarada por nuestro presidente, Felipe Calderón.

Acertadamente afirmó Barack Obama, al recibir el premio Nobel de la paz, que "decir que la fuerza a veces es necesaria no es un llamado al cinismo, es un reconocimiento a la historia, las imperfecciones del hombre y los límites de la razón". Son las palabras del presidente de una nación en guerra permanente.

Es forzoso reconocer que en ocasiones extraordinarias sólo el poder de las armas puede detener la violencia; pero tales ocasiones no deben ser definidas unipersonalmente ni de manera irreflexiva. La fuerza no puede ser arbitraria ni servir a intereses coyunturales; según los preceptos de la guerra justa, es indispensable que cumpla escrupulosamente con varios requisitos.

El primero es que la guerra sea declarada por una autoridad legítima. Al hablar del conflicto que hoy padecemos los mexicanos, en este principio no hay la más mínima duda: nuestro presidente tiene la autoridad necesaria para declarar la guerra y enfilar el poder del Estado contra los narcotraficantes. No obstante haber sido cuestionado tras las elecciones, cuando decidió recurrir a la fuerza del Estado, su legitimidad era real y comprobable. Por eso la defendimos sus correligionarios.

El segundo requisito que establece la teoría de la guerra justa es que el daño causado por los agresores sea significativo y comprobable. Ello también era evidente, tan lo era, que la sociedad clamaba por una acción decidida contra la delincuencia organizada. Por eso cuando el presidente Felipe Calderón declaró la guerra lo felicité y avalé su decisión en foros nacionales e internacionales.

Confié en que el jefe de nuestras instituciones estaría —como corresponde a un demócrata formado en el humanismo político— observando y atendiendo todas las condiciones para declarar la guerra al crimen organizado.

Sin embargo, tres años y más de quince mil muertes después, ha quedado claro que varios de los requisitos esenciales para que una guerra sea justa no se cumplieron. Ahora podemos ver que se tomó una decisión sin la serenidad y la templanza inherentes al estadista; sin el diagnóstico completo y objetivo del campo de acción; y sin información confiable de las capacidades del crimen organizado.

De entrada, hubo precipitación en un tema en el que las precipitaciones cuestan vidas humanas. El presidente Calderón declaró la guerra en la primera quincena de su gobierno, mientras aún le pesaba la carga emocional de la campaña electoral. No hubo tiempo para la reflexión serena y el análisis profundo antes de tomar las armas. Tampoco para dialogar y construir un frente común con los demás poderes de la Unión y los gobernadores de los estados, a quienes después convocó a una guerra de brutales consecuencias sin siquiera haber planeado una estrategia conjunta.

No se verificó la condición inexcusable de explorar exhaustivamente todos los medios alternativos para detener la agresión de los cárteles de la droga. Efectivamente: antes de optar por la violencia, la actual administración federal no agotó las diferentes opciones pacíficas con las cuales otras naciones han combatido al narcotráfico. Las herramientas sociales y educativas jamás fueron usadas con preponderancia. Tampoco las armas de la inteligencia, de la coordinación interpolicial y del combate no-violento a los cárteles del narcotráfico, entre las que sobresale el coartar sus operaciones financieras.

Mucho menos se cumplió con el requisito de que la guerra no acarree desorden y males superiores al mal ya existente. La estrategia ordenada por las más altas autoridades federales ha resultado ser un remedio peor que la enfermedad. Basta con preguntar a los habitantes de la frontera, que vivían con mayor tranquilidad hace mil días.

El último requisito ineludible para que una guerra sea considerada justa es que haya posibilidades reales de ganarla. Desgraciadamente, es evidente que ese principio no se consideró, pues el Ejecutivo Federal ni siquiera sabía en qué se estaba metiendo. Él mismo lo reconocería al paso del tiempo usando la analogía de un enfermo.

Fue desgarrador escuchar al Presidente cuando afirmó que al iniciar esta campaña de confrontación pensó "que era apendicitis" y al comenzar a operar al paciente se encontró con "un cáncer, extendido por todo el cuerpo". Esta frase es un reconocimiento de que las fuerzas federales ni siquiera contaban con un diagnóstico real del conflicto que estaban iniciando, del costo en sangre, muerte y dolor que tendría que pagar todo México.

Por todo ello, es posible afirmar categóricamente que la guerra de Ciudad Juárez es injusta y que es tan urgente como indispensable cambiar la estrategia para librarla, a fin de que cause el menor dolor humano posible. Esta conclusión aplica —por supuesto— para todo el territorio nacional.

OPERACIÓN COORDINADA, LA MISMA GATA

Para los juarenses, el llamado año del "bicentenario" comienza con el pomposo anuncio de que el "Operativo Conjunto Chihuahua" se sustituye por la "Operación Coordinada Chihuahua". A muchos nos da la impresión de que no es más que la misma gata pero revolcada. Otra maniobra improvisada, sustentada en la urgencia de que los ciudadanos reconozcan que "algo" está haciendo el gobierno en sus tres órdenes. Nos parece que sólo se rebautizó la misma estrategia y la acción táctica se puso en manos de otra institución que es, por cierto, menos confiable que la anterior. También se ratificaron, a los cuatro vientos, los compromisos no cumplidos a favor de la seguridad.

Con más pena que gloria, se retiró al ejército de las calles, se le asignaron funciones fuera de la mancha urbana y permanece replegado para ser llamado a intervenir en casos que lo justifiquen. Salió con una carga de humillación inmerecida a cuestas. El patrullaje militar que ya demostró su inutilidad es sustituido por el de policías federales. Por lo que se ve y parece, por lo que han balbuceado públicamente algunas voces del gobierno y por lo que otras dicen en privado, es la misma gata. Los hechos así lo confirman.

Los habitantes de la segunda ciudad maquiladora más importante del mundo, y una de las que más han aportado al desarrollo nacional, observan con impotencia la evidencia de la estrategia fallida del gobierno para combatir al crimen organizado. El saldo está ahí, reflejado en la estadística del dolor que registra —además del incremento al costo de la vida como en todo el país— el de los asesinatos y los secuestros; el de los negocios cerrados por sus propietarios o incendiados por quienes tienen el control de la plaza; el del consumo y venta de drogas que disminuye la capacidad de vida plena de las nuevas generaciones de juarenses.

Aquí crecen la pobreza y la miseria al ritmo que aumenta la desconfianza en las acciones escénicas de quienes no han podido siquiera detener la violencia, menos disminuirla. Se incrementa el miedo, la angustia y el dolor que no se describen en las notas periodísticas que recorren el mundo y que más parecen partes de guerra.

El empecinamiento en imponer y sostener, unilateralmente, un modelo errático de combate a los criminales ya degeneró en pertinacia. La decisión valiente que muchos reconocimos y agradecimos al gobierno de Calderón cuando desató la guerra, ya se volvió temeraria, suicida. La esperanza se volvió escepticismo y el dolor acumulado en impotencia. La sensación de abandono ya se ha traducido en frustración, cuando no en odios que alimentan impulsos de venganza. La admiración popular hacia nuestros mandatarios, se recorrió hacia un sentimiento que ya raya en su descrédito.

Las señales de alerta enviadas desde la sociedad van y vienen, pero el gobierno las ha calificado de ingenuas y hasta de traidoras. En la esfera oficial hay resistencia para aceptar que no necesariamente es con las armas por delante como se ejerce el poder para rescatar a un pueblo de las garras de los delincuentes. A la par del extravío gubernamental, la impunidad sigue su marcha y la violación a los derechos humanos se agudiza.

Espero, como miles de juarenses, que haya sinceridad en la expresión de Felipe Calderón, quien tras la masacre de 15 adolescentes en la frontera dijo el 3 de febrero de 2010:

> Queremos proponer las medidas integrales a la sociedad juarense, porque tenemos, sí, un plan y una estrategia pero queremos dialogarla y proponerla a la sociedad juarense e implementarla de la mano con los juarenses, porque queremos atacar la inseguridad de raíz.

Prepotencia y ausencia de humildad

Hace falta inteligencia, de esa que tiene que ver con la materia gris, para saber cuándo, cómo y bajo qué circunstancias y condiciones se puede recurrir a las armas y declarar la guerra para que ésta sea considerada justa. También se necesita la que suele designarse como labor de inteligencia del Estado, la que se finca en la investigación y aporta información útil para la proyección oportuna de la acción, no como la que se tiene en México, ineficaz porque está sustentada en cálculos políticos y se ha convertido en obra de relumbrón, de ornato, como los espantapájaros.

La infraestructura destinada para esa imprescindible e insustituible función del Estado aquí la hacemos vana cuando se le dice a medio mundo dónde están sus instalaciones y quién las opera, cómo funcionan y de qué instrumentos disponen. Cuando se informa a la opinión pública —como si los delincuentes no leyeran los periódicos— lo que se está haciendo y lo que se va a hacer; dónde y bajo qué esquema operativo se va a actuar; qué bajas hubo en uno y otro lados en las confrontaciones armadas; a quién se detuvo y dónde se le recluyó.

Ahí está una de las razones por las que no se logra la eficacia. Hay transparencia donde debiese haber reserva de información y discreción en la acción. Más parece el reflejo de una estrategia de complicidad, una especie de pitazo disimulado para alertar a los criminales, o una búsqueda de dividendos políticos desde la propaganda, que un esfuerzo comprometido con la seguridad nacional.

Con intención o sin ella, a los criminales se les ayuda a actualizar su inventario estratégico y se les da la señal para reestructurar sus organizaciones. Se les alerta para tomar ventaja. Ojalá sea sólo por ineptitud o ingenuidad, y no por el entreguismo que no pocos suponen. Yo tengo mis dudas.

Es urgente e impostergable recurrir a medidas que sanen y regeneren el tejido social y le devuelvan su potencial de desarrollo comunitario. También es necesaria la voluntad política de quienes toman las decisiones para cambiar el sentido de la estrategia, si la hay, y hacer expedito el sistema de justicia.

Para lo primero es necesario y muy recomendable involucrar y aprovechar el esfuerzo ciudadano que, frente a la indiferencia del gobierno, no deja de expresar con generosidad su disposición de poner al servicio de las autoridades su voluntad y su talento. Para lo segundo se precisa sentido común y actitud de estadista que derive en eficacia y responsabilidad para usar la fuerza del Estado. Para ambas cosas hace falta humildad, en una dosis que sea suficiente para humillar la soberbia y la prepotencia imperantes.

¿POR QUÉ NO ESCUCHA FELIPE CALDERÓN?

13 de diciembre de 2009

Considero importante informar sobre mis acciones públicas, dejar que se conozca mi pensar y mi sentir. Al presidente de México quise informarle de mis actividades que como presidente de una organización internacional podrían ser de su interés. También busqué la ocasión para compartirle puntos de vista sobre el acontecer nacional. Como habitante de Ciudad Juárez pretendí hacerle partícipe de cuanto ocurre en esta frontera atormentada por la violencia. Nunca tuve respuesta, en ningún sentido.

Por ello, ante la desesperación de mi comunidad que clama atención del Presidente, le envié una carta abierta en días pasados. Sin dirigirse a nadie en particular, como quien manda una carta sin destinatario, Calderón fustigó públicamente a los "ingenuos" que piden que el Estado deje de combatir al crimen organizado. Expresó que el problema no se resolverá por arte de magia y advirtió que sostendrá su estrategia.

Analistas y columnistas diversos interpretaron que el mensaje del Presidente era la respuesta a mi carta que sí tenía destinatario con nombre y apellido, el del jefe de las instituciones nacionales. Yo seguiré esperando la respuesta, a mi nombre, de Felipe Calderón Hinojosa.

Espero también que la Secretaría de Gobernación se abstenga de mandar mensajes a los directivos de los medios de comunicación para que dejen de publicar mis colaboraciones o declaraciones que incomodan al gobierno federal. Como ocurrió esta misma semana para sofocar la polémica que desató la imprudente expresión de Calderón para justificar su guerra fallida.

Con frecuencia escucho decir a quienes se acercan al Presidente, que éste no escucha, que no le gusta oír opiniones que parezcan confrontar las propias. Esas versiones parecen confirmarse con la indiferencia del primer mandatario de los mexicanos a las voces de los juarenses que piden su presencia para revisar juntos la estrategia y coordinar acciones para alcanzar la paz. Uno se pregunta: ¿por qué no escucha Calderón?

Apoyo a la decisión presidencial

Desde que era presidente del PAN y ahora como presidente de la ODCA he manifestado mi apoyo a la guerra contra la delincuencia organizada declarada por el presidente Calderón. En todos los foros que he pisado, nacionales y extranjeros, ese apoyo ha sido evidente, público y publicado. Sin duda, tenemos un presidente valiente.

Sin embargo, desde hace ya año y medio comencé a advertir la necesidad de revisar la estrategia. Y en esto hay que ser muy claros: jamás he pedido que las fuerzas federales se rindan o entreguen la plaza. No solicité que el Estado se retire de esa lucha, como ha sugerido el Presidente. El esfuerzo debe seguir. Apoyo la decisión del Presidente de combatir la delincuencia organizada, lo que ya no reconozco es la pertinencia y eficacia de la estrategia.

Tampoco solicité retirar el Ejército, pues reconozco y admiro su valor, su indudable capacidad y su lealtad republicana. Tengo la certeza de que los más dignos integrantes del Estado mexicano portan el uniforme castrense.

Debo señalar que me parece miope insinuar que quienes dudamos de la ofensiva gubernamental beneficiamos a los delincuentes. Todo lo contrario. Seguramente los más contentos con la actual estrategia son los criminales, porque les permite delinquir a sus anchas.

Recurrí al método de la carta abierta porque estamos ante un asunto urgente y mis reiteradas solicitudes de reunirme con el Presidente o con el secretario de Seguridad Pública Federal no han recibido respuesta. En la ODCA hemos expresado repetidamente nuestra voluntad de colaborar y de poner a disposición del gobierno expertos de diferentes países, incluso elaboramos un documento altamente propositivo y lo enviamos de manera oficial, "101 acciones para la paz". Es claro que nuestras iniciativas y propuestas no han caído en suelo fértil.

No es una expresión política, sino ciudadana

Mis motivos para pedirle al presidente un cambio son los mismos de millones de mexicanos. No hice esa carta como miembro de un partido: la hice como ciudadano y como padre de familia. No se trata de un acto político, sino una necesidad de vida o muerte.

Mi carta no expresa sólo una visión personal, sino el dolor humano y la indignación de grandes sectores de la población. Como bien dijo el gobernador de Chihuahua, José Reyes Baeza, mi carta expresa el sentir de muchos juarenses.

No repito el rosario de calamidades que hemos atestiguado y padecido, sólo les pido que hablen con sus conocidos de Ciudad Juárez y de todas las comunidades agobiadas por la violencia para que ellos personalmente les digan lo que realmente está pasando, el tributo de sangre y miedo que estamos pagando por el empecinamiento de sostener una estrategia fallida que, por la pertinacia presidencial puede tornarse suicida. Más allá de los spots de optimismo, más allá de las declaraciones políticas vehementes de Calderón, hay una tragedia cotidiana que está desgarrando el rostro de varios estados de la república.

¿Sabe la verdad el Presidente?

Temo que le estén ocultando información al Presidente. Pareciera no conocer la gravedad que han alcanzado no sólo las ejecuciones, sino también la violencia generalizada y cotidiana. Algunos creen que el Presidente es insensible al dolor de los ciudadanos honestos que son víctimas colaterales de la guerra que él inició; yo espero que no sea así. Espero, por el contrario, que la información no esté fluyendo a causa de sus subordinados.

Estoy seguro de que si Felipe Calderón realmente conociera el trágico saldo humano de la guerra contra el crimen ordenaría cambiar la estrategia ipso facto. Por ello, tengo razones para desconfiar de algunos funcionarios que tienen el deber de informarlo.

Mi deber como ciudadano, como panista y como hombre, es hablarle al Presidente con la verdad. Quizá otros ya le agarraron gusto a la mordaza, por conservar sus cargos o por conveniencia política. Ése no es mi talante. Mis principios políticos y personales me obligan a informarle a nuestro presidente qué es lo que está sucediendo.

No queremos que al "haiga sido como haiga sido" se sume un "cueste lo que cueste", porque esta guerra ha costado demasiada sangre, demasiados muertos, demasiado dolor. Y no hablo sólo de los criminales, sino de las víctimas de las balas perdidas, de los inocentes atrapados en el fuego cruzado, de quienes ven esfumarse su patrimonio y su tranquilidad por el secuestro y la extorsión.

A 350 AÑOS DE CIUDAD JUÁREZ:
FUNDACIÓN Y RENACIMIENTO

6 de diciembre de 2009

El 8 de diciembre de 1659 un puñado de hombres vaticinó para estas tierras septentrionales un futuro promisorio y, en un acto de esperanza, fundó el cimiento histórico, espiritual y político de Ciudad Juárez: la Misión de Nuestra Señora de Guadalupe de los mansos del Paso del Río del Norte. Pudo más su fe en los primeros habitantes de la frontera que lo agreste del paisaje y la crudeza del invierno.

350 inviernos después, Ciudad Juárez se ha convertido en una tragedia que simboliza y aúna todas las tragedias que padece nuestra República, en un emblema nacional e internacional de los yerros de la estrategia contra el crimen organizado y de las amenazas a la viabilidad del Estado mexicano y al futuro de la patria.

La frontera fuerte

Ciudad Juárez es una comunidad con una vocación laboral reconocida internacionalmente. En las últimas décadas, su nivel de desempleo siempre ha sido de los menores —y muchas veces el menor— de todo México. Esta bonanza ha hecho de la ciudad una tierra de promesas casi siempre cumplidas para migrantes de todo el país y también del extranjero, catapultando a Chihuahua a los primeros sitios de productividad entre los estados de la República.

Al tener afianzadas raíces culturales en varios países y en miles de comunidades mexicanas, los juarenses hicieron de la hospitalidad y el respeto a la diversidad sus valores esenciales. Por ello, forjaron una sociedad que se distingue por su pluralidad y su tolerancia ante las variadas expresiones religiosas, sexuales y políticas del ser humano.

El éxodo del miedo

Considerando estos brillantes antecedentes, ¿cómo se explica que 3 mil familias hayan abandonado Ciudad Juárez durante este año para irse a vivir a El Paso, Texas? Repito la cifra por su peso y su dureza: 3 mil familias han emprendido un éxodo de miedo y desesperanza.

La primera parte de la respuesta está en otro dato, igualmente desgarrador: Ciudad Juárez es la comunidad más violenta de todo el mundo.

En un estudio conducido por el Consejo Ciudadano Para la Seguridad Pública, bajo el reconocido indicador internacional de "homicidios por cada 100 mil habitantes", en 2008 Ciudad Juárez ocupó el primer lugar, con 130, seguida por Caracas, con 96, y Nueva Orleans, con 95.

La segunda parte de la respuesta se encuentra en un acto de gobierno: la declaración de guerra al crimen organizado hecha por el presidente Felipe Calderón.

Aunque Ciudad Juárez ha sido desde hace décadas el campo de batalla en el que diversos grupos del crimen organizado dirimen sus diferencias, la violencia que ejercían era mucho menor a la actual. Antes de la guerra el promedio de ejecuciones era alto y evidenciaba una crisis: 6 diarias. Sin embargo, la gran mayoría de la población no padecía sus consecuencias.

Ese promedio no sólo se ha disparado (durante el presente año aproximadamente 13 personas han sido ejecutadas diariamente), también lo han hecho los delitos que verdaderamente agravian al grueso de los ciudadanos.

El delito del secuestro no se ha duplicado o crecido en un 100 o un 200 por ciento. No, según datos extraoficiales, desde que el presidente Calderón inició su campaña bélica el secuestro en Ciudad Juárez ha crecido en un 5 mil por ciento. No sólo las personas ricas temen al secuestro, miles de personas de clase media y clase baja han sido arrebatadas a sus familiares. Es por ello que las calles se encuentran desiertas a partir de las siete de la tarde y aun durante el día muchas personas optan por no salir de sus hogares.

En las cifras de extorsión no hay comparativo alguno: este delito era prácticamente inexistente y hoy son pocos los juarenses que no lo han sufrido. Las víctimas no son únicamente empresarios o dueños de negocios altamente lucrativos, no: personas de todos los estratos sociales lo padecen. Incluso hay padres de familia en zonas populares que han sido obligados a pagar para que las escuelas de sus hijos no sean ametralladas.

Por ello, en este aniversario de la fundación de la ciudad los juarenses enfrentamos un futuro de incertidumbre y riesgos sin precedentes.

En el horizonte acechan una serie de riesgos inconmensurables. El riesgo del colapso económico, injustificable en una comunidad que siempre se distingue por capacidad productiva de clase mundial. El riesgo del colapso político y de la arquitectura del Estado, que se agravará en caso de que se celebren las elecciones locales programadas para el próximo año. Y —lo más grave de todo— el riesgo de colapso social, alimentado por la escasa convivencia que hay en la ciudad.

Esta agenda de riesgos no es privativa de Juárez. En menor grado, todo México los enfrenta.

El cambio urgente

Hace año y medio declaré que el gobierno federal debería revisar la estrategia de combate al crimen organizado. De manera respetuosa, sugerí considerar la posibilidad de cambiar el rumbo y atacar al crimen organizado con un método más efectivo y menos costoso en términos humanos.

Hoy ese señalamiento ya no es sólo una sugerencia, es una demanda de todos los habitantes de la frontera, una exigencia que nace de los evidentes resultados de esa guerra. Me preocupa que el presidente Calderón no vea lo que para todos está a la vista: estamos ante una guerra fallida, ante un estéril y vano derramamiento de sangre.

No cambiar la estrategia y persistir en el enfrentamiento me parece una necedad, una acción que no se justifica por sus resultados sino tan sólo por empecinamiento y orgullo. Y para mantener intacto ese orgullo los ciudadanos pagan con sangre, rinden un tributo de muerte y desesperanza.

Reitero que me parece loable la decisión presidencial de iniciar esta guerra, pero no así su estrategia; como ciudadano, como padre de familia de un hogar asentado en Ciudad Juárez, los resultados no los agradezco, los deploro.

También me pareció acertado, y hasta patriota, anunciar que estábamos ante una guerra que iba a costar vidas. No sabía que serían tantas. Hoy pregunto, ¿cuántos muertos más, señor Presidente? ¿Cuántas familias más tienen que exiliarse? ¿Otras tres mil? ¿Cuántos niños y jóvenes más tienen que seguir viviendo presas del terror?

Mis hijos ya no pueden salir a divertirse como los muchachos de cualquier ciudad. Ya hemos sido víctimas de asaltos. Hemos escuchado varias balaceras. Amigos míos han sido secuestrados y conocemos personas que fueron ejecutadas. Incluso mi hogar fue invadido por soldados. Y hoy estamos amenazados de secuestro si no pagamos "la cuota". Ésos son los resultados de la guerra contra el crimen que padecemos, el ambiente en el que conmemoraremos este aniversario de la fundación de nuestra ciudad.

Raíces de orgullo y fortaleza

Desde un principio, Ciudad Juárez ha sido, en todos sentidos, una misión.

No es casualidad que esta comunidad haya persistido y prosperado en uno de los ambientes desérticos más agrestes del país. Tampoco que haya prevalecido —solitaria, alejada de los poderes centrales y rodeada de un mar de arena— tras el acoso de los fieros guerreros apaches, el Porfiriato y la Revolución.

Tampoco es casualidad que grandes héroes de la historia patria se hayan nutrido en territorio juarense durante momentos clave de sus luchas. Juárez, Madero, Villa, encontraron en la frontera un lugar para volver a empezar.

No es casualidad porque el carácter nunca es casualidad, porque la fortaleza bárbara de la frontera era, es y seguirá siendo indomable. Seguramente cuando revisemos el actual momento de nuestra historia escribiremos que prevalecimos en una guerra más, esta vez contra la delincuencia organizada. Juárez escribirá otro libro y no será una visión de los vencidos.

Pero la frontera necesita apoyo. Necesita la sensibilidad humana y el respaldo del hombre que desató esta guerra, nuestro Presidente. Necesita un cambio de estrategia que abra camino a la paz y nos permita volver a empezar.

EJÉRCITO MEXICANO, UN DIGNO PILAR DEL ESTADO

29 de noviembre de 2009

Nuestros soldados forman parte de la garantía que la ley otorga a los ciudadanos. Con voluntad indómita y espíritu de servicio defienden la independencia, la integridad y la soberanía de la nación; garantizan su seguridad interior y auxilian a la población en casos de emergencia y con acciones cívicas y sociales que facilitan el progreso del país.

Lealtad y disciplina, valentía y unidad, son notas que la historia registra como características de nuestro Ejército. Por su fidelidad a su papel constitucional, por la falta de ambiciones políticas y el respeto al poder civil, podemos afirmar con profunda convicción que las fuerzas armadas son un pétreo pilar de nuestro Estado.

Como presidente de una institución continental he recorrido Latinoamérica y acudido a países europeos en labores oficiales. Así he atestiguado qué tan diferente y qué tan positiva es para nuestra nación la figura del militar, comparada con la gran mayoría de los países del mundo occidental.

Durante los últimos 75 años todos los ejércitos de América Latina han perpetrado golpes de Estado, menos el mexicano. Pinochet, Castelo Branco, Stroessner, Somoza, Videla, Trujillo, Chávez, son tan sólo algunos de las decenas de dictadores militares latinoamericanos. Para orgullo y beneficio de nuestro pueblo, en esa lista de vergüenza no figura ningún miembro del respetabilísimo Ejército Mexicano.

Especialmente significativo y loable es que el Ejército, consciente de su papel en el Estado, mostrara una respetuosa distancia durante el tortuoso, largo y lento proceso de transición a la democracia. Su desempeño fue siempre respetuoso de las instituciones y apegado a sus propias leyes. Como prevé nuestra Carta Magna.

Contra lo que los agoreros del autoritarismo vaticinaban, los fusiles y las tanquetas permanecieron en los cuarteles cuando la primera gubernatura fue conquistada por el PAN hace ya veinte años. También cuando el PRI fue obligado a salir de Los Pinos por la vía de los votos. Muy por el contrario, la entereza y gallardía de las fuerzas armadas contribuyeron a preservar los equilibrios y la fortaleza de un Estado cuando los procesos dinámicos de ajuste social y del viejo sistema político avanzaban con paso vacilante hacia el ideal democrático.

Conociendo la eficiencia y profesionalismo castrenses, y sabiendo que su participación sería un testimonio de lealtad a México, como presidente del PAN propicié que varios miembros activos de las fuerzas armadas fueran, por primera vez desde Acción Nacional, diputados federales. Antes, en mi cargo de presidente de la Comisión de Defensa Nacional de San Lázaro, tuve muy presente la gratitud que los mexicanos debemos a nuestros militares y apoyé las reformas legales solicitadas por ellos por conducto del Ejecutivo Federal.

Un genuino ejército del pueblo

Al igual que el ejército napoléonico, el mexicano tiene un origen revolucionario y una base popular. Mientras en otros países latinoamericanos los militares constituyen castas cerradas y ajenas a la realidad de la población, el nuestro es una casa de puertas abiertas: cualquier ciudadano, sin importar su sexo, su origen étnico, su condición social o su estatus económico, tiene la posibilidad de formar parte de las fuerzas armadas. Bien podría decirse que en ellas hay una auténtica representación popular con devoción republicana.

Seguramente por ello, nuestro Ejército se distingue por servir solidariamente a la población. De sus tres planes estratégicos primordiales, el más frecuentemente implementado es el DN-III-E: asistencia a las comunidades que sufren inundaciones, terremotos y demás desastres naturales. Bajo este esquema incluso se han hecho incursiones militares solidarias en otros países de América Latina, en Asia y en Estados Unidos.

Ruptura histórica

Sin embargo, algo ha fallado en los últimos años. Se ha ordenado a los uniformados ejercer funciones que no les son propias y para las que no tienen la preparación adecuada, con un número de efectivos sin precedente y con una estrategia que, juzgándola por sus frutos, ha sido concebida erróneamente. Ha fallado no por la ineficacia de sus ejecutores, sino por lo erróneo de su diseño a cargo del poder político: el del Ejecutivo Federal, que unilateralmente y sin siquiera pedir opinión a los gobernadores de las Entidades Federativas, emprendió una lucha valiente y loable, pero fuera de foco, de tiempo y de lugar.

Esta inédita situación ha colocado a miles de soldados mexicanos en condiciones impropias para el canon castrense, el que les impele a pensar primero que nada en México. Incluso han incurrido en excesos involuntarios y atropellos que demeritan gravemente su insigne trayectoria. Casos de violaciones —presuntas y comprobadas— a los derechos humanos de civiles por parte de militares son hoy una constante en el debate nacional.

Nunca se había visto en nuestra historia reciente un abucheo a miembros del Ejército, como ha llegado a ocurrir, atentando contra su fortaleza moral. En los peores frentes de la guerra contra el narcotráfico, la admiración al verde olivo ha sido sustituida a menudo por el miedo. Al saldo de dolor y sangre que esta guerra injustificada nos ha dejado a los mexicanos, se suma el saldo de humillación al que inmerecidamente se ha expuesto a nuestro glorioso Ejército, destacado por su amplia conciencia social.

Ante este grave escenario es justo recordar que la lealtad es un camino de dos vías: así como el militar ha sido leal con el político, el político debe serlo con el militar. El poder civil también está obligado a respetar al poder castrense, aunque sea su subordinado.

Éste es un tema que merece una profunda reflexión en las más altas esferas gubernamentales, sobre todo considerando el severo desgaste al que ha sido sometido el prestigio marcial por obedecer en la guerra contra el crimen organizado —como es su deber— las órdenes del Comandante Supremo de las Fuerzas Armadas.

Parafraseando y reinterpretando a un clásico de la estrategia militar, Von Clausewitz: ¿estamos ante una guerra que es la continuación de la política por otros medios? ¿Al combatir el narcotráfico se persiguen también objetivos políticos? Sería muy grave que resultara cierta esa tesis tan frecuentemente esgrimida y que cada día cobra mayor sentido.

Apostar el honor del soldado mexicano, su orgullo de origen y su espíritu de colaboración en una aventura política, así como ir a contrapelo de sus mejores tradiciones, no sólo desgasta a las instituciones militares, también mina su arquitectura estatal e institucional. De cara al 2010, en el que ya muchas voces advierten la amenaza de brotes subversivos, es imperativo contar con fuerzas armadas respaldadas por la confianza y la aprobación de la ciudadanía. Sólo así los hombres de armas podrán cumplir cabalmente con su papel constitucional primordial.

Si el Ejército no militariza la política, el gobernante no debe politizar a los militares. No se pueden usar las armas como herramienta política o como prótesis emocional. El riesgo es máximo. Es prudente, urgente e imperativo dar a las fuerzas armadas su lugar en el recto orden del Estado, para que puedan seguir contribuyendo a crear un México más seguro, con respeto a la dignidad de las personas y justicia para todos.

Muy lejos de los resultados esperados, la Presidencia de la República decidió al fin, según se dio a conocer en la reunión de la Operación Conjunta Chihuahua el pasado 27 de noviembre, retirar al Ejército de Ciudad Juárez. Sin su generosa presencia patrullando las calles, los habitantes de esa frontera tendrán que volver a empezar a rescatar sus espacios comunes desde una estrategia que no esté contaminada de intereses políticos. Ojalá cuenten con el apoyo inteligente y previsor, sin precipitaciones fallidas, de los tres órdenes de gobierno en lo que parece una sensata reconsideración del presidente Felipe Calderón. Ya era hora y esperemos que el ajuste estratégico abarque todo el territorio nacional.

Una experiencia personal con el Ejército

Siempre he tenido un gran respeto por los militares, sobre todo a partir de que Carlos Castillo Peraza me designó enlace del Partido Acción Nacional con las fuerzas armadas y de que mis actividades como presidente de la comisión de Defensa Nacional en la Cámara de Diputados me permitieron atestiguar de primera mano la lealtad, profesionalismo y entrega con que sirven a la patria. Tanta es mi admiración por la vida castrense, que durante mi juventud incluso tuve el impulso de inscribirme en el Heroico Colegio Militar.

Estas positivas experiencias hicieron posible saldar de la mejor manera un desafortunado incidente sucedido en agosto de 2009: la intromisión indebida de una partida castrense en mi domicilio de Ciudad Juárez.

Alrededor de este suceso, se generó una polémica nacional de gran acritud. Diversos actores políticos, analistas y editorialistas expresaron su opinión al respecto. Hubo muchas muestras de solidaridad y de acompañamiento, especialmente de la comunidad de Ciudad Juárez.

Hubo también algunos comentarios desmedidos y críticas, a mi juicio inmerecidas, hacia el Ejército. Sin embargo, por el bien de todos los interesados y por la salud del debate público, creo que hay que poner estos hechos en su justa dimensión. Minimizarlos o sobredimensionarlos sería igualmente irresponsable. Para ello es necesario rendir un testimonio de lo que realmente sucedió.

Sin que mediara orden judicial o denuncia alguna, un grupo de militares penetró en mi domicilio durante la celebración de una fiesta familiar. Por espacio de más de media hora estuvieron en el área del patio.

En todo momento dejé claro que mi casa no fue cateada, no se trató a mi familia de manera irrespetuosa ni hubo agresiones físicas. No obstante, me parece una irregularidad bastante grave que militares se apersonaran en una propiedad privada cerrada de manera ilegal. Este hecho, además, constituye una violación a las más básicas garantías individuales.

Ante esta incorrección, personal de la Secretaría de la Defensa Nacional se apersonó al día siguiente en mi casa y se entrevistó con mi familia. Asimismo, ese mismo día dialogué con el coronel Carlos Bravo y con el general Felipe de Jesús Espitia. En esas tres conversaciones los militares siempre dejaron en claro que la presencia de una patrulla militar con armas largas en mi domicilio constituyó un acto indebido y pidieron disculpas.

Desgraciadamente, la situación se complicó ante la opinión pública debido a que la SEDENA difundió un comunicado repitiendo lo que yo había dicho: que no hubo malos tratos, cateo o violencia, con un tono de confrontación innecesario. Ello contribuyó a alimentar la polémica.

Sin embargo sostuve diversos encuentros con militares de diversos rangos que permitieron aclarar la situación y evidenciar que nunca hubo mala fe por parte de los uniformados. Fue especialmente fructífera una plática que tuve con el general secretario de la Defensa Nacional, Guillermo Galván Galván.

Esta acción indebida me parece una expresión más del clima de confusión y desorientación con el que se ha conducido la estrategia contra el crimen organizado y una arbitrariedad a la que está expuesto cualquier habitante de Ciudad Juárez. Estrategia que, por supuesto, no define ni coordinan las fuerzas armadas, que tan sólo siguen órdenes con lealtad republicana.

Gracias a la actitud mostrada por los militares de muy diversos rangos, se pudo evidenciar que con apertura y tolerancia es posible transitar situaciones riesgosas y convertir las polémicas en oportunidades para dialogar y consolidar puntos de encuentro. Por todo ello, reitero mi respeto y mi admiración por las mujeres y los hombres que portan el uniforme de la patria.

EL COSTO HUMANO DE LA GUERRA CONTRA EL CRIMEN

22 de noviembre de 2009

La guerra es siempre una derrota de la humanidad.

JUAN PABLO II

La decisión unipersonal más trascendente para México en la última década ha sido declarar la guerra a la delincuencia organizada. Haciendo gala de valentía, el presidente Felipe Calderón ejerció las facultades que le otorga nuestra Constitución, como comandante supremo de las Fuerzas Armadas, y ordenó lanzar una embestida bélica dirigida primordialmente contra los narcotraficantes.

De manera pública y publicada, he enaltecido reiteradamente el arrojo de nuestro Presidente y su voluntad de enfrentar al crimen organizado. La Organización Demócrata

Cristiana de América, que me honro en presidir, ha celebrado diversos eventos sobre el tema, principalmente los foros internacionales "Inseguridad, dolor evitable" en México y en Colombia. En ellos y en otros foros realizados en diversas partes del mundo, invariablemente he reconocido a nuestro Presidente, ofreciéndole apoyo y acompañamiento. Ahí hemos generado propuestas de qué hacer para resolver la crisis de inseguridad. En otros países hemos podido aportar un consejo útil a sus gobiernos que, cuando lo han considerado pertinente, sin falsos orgullos han atendido recomendaciones y agradecido los resultados. En el nuestro no ha sido posible.

Apoyar y estar de acuerdo en lo fundamental con el presidente Calderón no nos impide ver que algo está fallando. Es evidente que la estrategia de combate al crimen es inadecuada. Está fuera de foco, dirigida hacia las consecuencias y no hacia las causas. Día a día vemos sus resultados y su desgarrador costo en sangre.

Combatir al narco, ¿decisión política?

Conforme crece la numeralia de la violencia, más eco tiene la tesis de que esta guerra persigue objetivos políticos y más se cuestionan las razones para librarla, exhibidas por las voces del gobierno federal. Aunque damos un voto de confianza a nuestro Presidente, no podemos sino señalar que sería muy grave que tales cuestionamientos fueran acertados.

Por ese camino de suspicacia avanza el segundo libro de Rubén Aguilar y Jorge G. Castañeda, *El narco: la guerra fallida*. Estos reconocidos políticos y académicos desmontan los principales argumentos que el Ejecutivo Federal ha esgrimido para justificar la guerra.

Es especialmente ilustrativo que el supuesto aumento en el consumo y en la disponibilidad de drogas no haya tenido un salto que justifique la guerra. Los autores afirman que "los datos ponen de manifiesto que en México el consumo de drogas ilícitas no ha subido de manera significativa en los últimos diez años"; tampoco existe una mayor disponibilidad en las escuelas; no hay elementos para fundar esta guerra "en el consumo y la venta que se hace a los niños o a los jóvenes. Según los datos del propio gobierno, esto no ocurre".

También se refuta que la violencia haya hecho necesario desencadenar esta guerra. Datos del Sistema Nacional de Seguridad Pública y del Consejo Nacional de Población indican que los homicidios per cápita han decrecido casi veinte por ciento en los últimos 9 años. México es el país con menos homicidios dolosos de toda América Latina. En palabras de Aguilar y Castañeda, "nuevamente, los números del gobierno refutan su propia tesis".

Los autores contradicen de manera contundente los argumentos de que la pérdida de control territorial y la corrupción del aparato del Estado tornaron indispensable librar la guerra. Estoy de acuerdo con ellos. Conviene recordarle a Felipe Calderón que la guerra es siempre el peor camino para alcanzar la paz.

Tampoco es cierto que combatir al narcotráfico fuera una prioridad social. Cuando ello ocurrió había otras prioridades, como la atención a la crisis económica. Existía en la gente una preocupación por la violencia y la criminalidad, pero no por la que proviene de los cárteles sino por la que estaba vinculada al secuestro, el robo y los asaltos, delitos a los que estamos expuestos todos los ciudadanos.

Valdría la pena que el gobierno hiciera una réplica contundente a este texto, para fortalecer la confianza en que esta lucha se libra por razones justificadas, válidas y comprobables. O bien, reconocer que no se está en el camino correcto y corregir el rumbo de esta dolorosa marcha de sangre.

Dolor evitable

Como un habitante más de Ciudad Juárez, vivo en uno de los frentes de la guerra iniciada por el presidente Calderón. He sido testigo de que hasta los más pequeños negocios sufren extorsiones: tiendas de abarrotes, gasolineras, fondas... Médicos, abogados, dentistas, tienen que pagar "protección"; también trabajadores de las maquiladoras.

Incluso hay padres de familia que se han visto obligados a desembolsar cuotas para que las escuelas de sus hijos no sean blanco de los infames "cuernos de chivo". Y este dinero exigido por los delincuentes se ha dado en medio de la peor crisis económica en la historia de la frontera: son innumerables los empleos perdidos y las empresas quebradas.

Es especialmente preocupante que los juarenses no tengan ya espacios para convivir. Son pocos los restaurantes, locales para fiestas o bares que se mantienen abiertos, pero ninguno puede considerarse seguro. Y aunque este hecho podría parecer frívolo, es necesario recordar que en esos espacios se entreteje la convivencia que da vida a una comunidad. ¿Qué futuro nos espera cuando ni siquiera podemos celebrar una boda, una primera comunión, una graduación o un cumpleaños sin miedo a ser asesinados? ¿Qué esperanza queda a nuestros jóvenes cuando ni en sus escuelas están seguros y sólo pueden convivir tranquilamente dentro de sus casas? Y en ocasiones ni eso, les consta a mis hijos.

Todos los que vivimos en Ciudad Juárez hemos sido heridos por esta guerra. Han muerto muchos narcotraficantes, sí, pero también han muerto inocentes y ha muerto nuestra tranquilidad, nuestra paz y el equilibrio emocional de muchos niños y adultos.

Extorsionado, atemorizado, sin fe en su gobierno, el pueblo juarense se aferra a su dignidad, a esa inquebrantable fuerza que lo ha hecho escribir luminosas páginas en la historia patria.

Felicito a este mi pueblo adoptivo por su fortaleza y valentía. Sin embargo, nuestra fuerza es vasta, mas no infinita. Urge un cambio de rumbo, un giro radical en la estrategia del gobierno federal. Hay que enfrentar al narcotráfico no como un problema de seguridad, sino como un problema de salud; concebir al adicto no como un delincuente, sino como un enfermo que merece nuestra ayuda.

Necesitamos más programas de prevención y menos armas; necesitamos más clínicas y menos retenes; necesitamos un enfoque más humano y menos bélico. Necesitamos no una guerra de fuego y sangre, sino una paz construida con paciencia a través de la educación, el enriquecimiento de los valores familiares y los lazos sociales. Necesitamos volver a empezar.

CIUDAD JUÁREZ: RAZÓN DE ESTADO

1 de noviembre de 2009

El clamor de los juarenses por paz y seguridad ha recibido la respuesta solidaria de los pueblos de América. Gracias a la convocatoria lanzada por la Organización Demócrata Cristiana de América (ODCA), se celebró en nuestra ciudad el II Foro Internacional "Inseguridad, dolor evitable", en agosto pasado.

Con un enfoque más ciudadano y social que oficial y gubernamental, congregamos a autoridades, académicos, integrantes de la sociedad civil organizada, líderes políticos y especialistas de seguridad pública provenientes de 22 países.

Dicha diversidad de naciones se vio reflejada en la pluralidad política de quienes aceptaron venir a colaborar con este constructivo trabajo. Nuestros esfuerzos no sólo estuvieron al margen, sino muy por encima de los partidos y los gobiernos, de la politiquería o las cautelas electorales.

Todo lo contrario. Desde un principio tuvimos como objetivo toral ser propositivos, colaborar, señalar caminos y alternativas para trabajar por la pacificación de nuestra comunidad.

Con esta visión siempre presente, nuestros invitados hicieron una solidaria "Declaración de Ciudad Juárez" y elaboraron una serie de propuestas plasmadas en el documento "101 acciones para la paz".

Este documento no es uno más de los muchos que se han hecho sobre la frontera. Destaca por ser producto del pensamiento plural y reflejar experiencias internacionales exitosas, también por no tener sello partidista o gubernamental; pero, sobre todo, brilla en sus páginas la impronta del humanismo y un gran sentido práctico.

Cualquier persona que lo lea —desde un padre de familia hasta un político, desde un periodista a un ama de casa— encontrará sugerencias prácticas, concretas y realizables para colaborar en la construcción de la seguridad pública.

Sus 101 propuestas se plantean de manera directa a los gobiernos, a las corporaciones policiacas, a las familias, a las instituciones educativas, los académicos y las iglesias, a los medios de comunicación, a los partidos políticos, a las instituciones democráticas, a los organismos de la sociedad civil y a la comunidad en general.

Quienes vivimos en Ciudad Juárez quisiéramos ver este mismo enfoque de unidad, apartidista, solidario, que no busca ganancias políticas, en todos los esfuerzos de combate a la inseguridad pública.

Ya basta de esfuerzos aislados e iniciativas unipersonales. No habrá tranquilidad sin cohesión social y política, no construiremos la paz sin que impere una visión de Estado.

El tema de la inseguridad es tan delicado que no podemos esperar que lo enfrente exitosamente un gobierno, sea el federal, el estatal o el municipal; es más, ni siquiera es posible que los tres juntos y coordinados rindan buenas cuentas. Para ello se necesita de todos quienes integramos nuestra sociedad, como señalan las conclusiones de la "Declaración de Ciudad Juárez".

Gracias a iniciativas aisladas se han realizado muchas acciones, pero sus resultados han sido pobres. Un ejemplo de ello es la presencia del Ejército que, a pesar de su voluntad, su patriotismo y su espíritu de sacrificio, no ha logrado reducir la violencia. Sólo se ha conseguido desgastar vanamente la admiración que siempre sentimos por el uniforme verde olivo.

Por ello, quienes habitamos en esta frontera podemos suponer que la guerra contra el narco ha respondido a impulsos, pero no a esfuerzos premeditados, planeados y consensuados con las diferentes fuerzas políticas y sociales.

Como consecuencia de tales impulsos nuestra tranquilidad, nuestra economía, la manera en la que nos relacionamos unos con otros y hasta nuestras vidas familiares se han deteriorado como nunca antes. Únicamente durante la Revolución corrió tanta sangre en nuestro terruño.

Aunque me parece loable la decisión de nuestro presidente, Felipe Calderón, de combatir al crimen organizado, no puedo decir lo mismo de la forma, pues sus resultados están a la vista en las calles de Ciudad Juárez.

Urge una estrategia diferente, que tenga como indispensable punto de partida reanimar a los juarenses y encauzar su tradicional fuerza a la construcción colectiva de la paz. Urge que se llame a una gran alianza nacional por Ciudad Juárez. Urge que el destino de nuestra comunidad sea razón de Estado.

Por todo ello, el II Foro Internacional "Inseguridad, dolor evitable" fue un esfuerzo deliberado por demostrar que un frente contra la inseguridad es tan exitoso como la pluralidad de quienes lo integran.

Resultó gratamente conmovedor ver que personas de todas las regiones del Continente y también de Europa aceptaran venir a nuestra Ciudad (a pesar de que hay quienes sienten miedo de hacerlo) a aportar, a solidarizarse, a compartir nuestras cargas y a darnos una razón más para la esperanza.

Porque sólo así, sumándonos con generosidad en un esfuerzo que no reconozca fronteras sociales, geográficas ni políticas, podremos avanzar hacia una Ciudad Juárez con justicia, seguridad y paz.

El próximo año conmemoramos dos siglos de que los mexicanos se atrevieron a volver a empezar, a cambiar el rumbo de la historia patria radicalmente y lograr la Independencia de México. También celebraremos un suceso histórico en el que Ciudad Juárez fue fundamental: la Revolución mexicana.

Por ello, 2010 es una gran oportunidad para todos. Algo grande va a pasar, eso es indudable. De nuestra cuenta corre que sea algo positivo y constructivo.

2010 será una oportunidad para que nuestros gobernantes hagan de Ciudad Juárez una razón de Estado. Una oportunidad para que cada uno de nosotros, los ciudadanos, nos sumemos a la lucha contra la inseguridad, una oportunidad para, juntos, volver a empezar.

2010: REVOLUCIÓN DE PAZ EN CIUDAD JUÁREZ

25 de octubre de 2009

Ciudad Juárez es una ciudad experta en adopciones, llamada a cobijar migrantes desde que la conquista hispánica le trajo forasteros como el andaluz Cabeza de Vaca, el árabe Estebanico, "El Negro", o el italiano fray Marcos de Niza. Además de sus nativos, juarenses somos muchos que alguna vez fuimos migrantes por necesidad, hoy hijos de esta maternal frontera.

A punto de cumplir trescientos cincuenta años de su fundación, y tras registrar episodios fascinantes en su historia y en la de México, vive el drama de una lucha que parece estéril por el desatino —o abandono— de sus gobernantes, por el cansancio o la dimisión de muchos ciudadanos que se han rendido frente a sus circunstancias lacerantes y por la creciente miseria humana que la sitúa en las coordenadas de la corrupción y la crueldad.

Da la impresión de que en vano buscan recuperar su tranquilidad los orgullosos habitantes de esta hermosa frontera. Tranquilidad que no significa pasividad, tampoco inercia en movimiento, sino que se acompaña del bullicio de una permanente laboriosidad y creatividad que le han merecido justos y muy diversos reconocimientos por su aportación al desarrollo nacional.

Se extraña esa tranquilidad productiva que no descansa, perdida hoy entre las ambiciones de quienes no sienten propia a esta ciudad de exigencias máximas, o de quienes habiendo salido de sus entrañas, la han traicionado en su ingratitud parricida. Peor aún, por la abdicación injustificada y vergonzante de quienes teniendo una responsabilidad de gobierno —municipal, estatal o federal— no la ejercen con el empuje y determinación que preceden a la eficacia.

Puede parecer pesimismo enfermizo afirmar que a nuestros servidores públicos de todos los signos políticos, salvo casos excepcionales, se les suele ver pasmados a unos y pasmones a otros, pero es irrefutable la aseveración; negarlo sería complicidad o encubrimiento. En su gran mayoría, cuando reaccionan, se limitan a expresiones huecas de solidaridad o a culpar a otros de su inoperancia; se quedan en el discurso que ya suena a insulto.

Es evidente que el esfuerzo de los encumbrados en el poder no va más allá de firmar convenios de cooperación, que únicamente aportan falsas esperanzas y que sólo sirven para justificar el patrullaje de las fuerzas de seguridad que, aun reconociendo su lealtad y valor, nada más contribuye a agravar el clima de guerra —porque estamos en guerra— y a mantener vigente el estado de naufragio inmerecido de una comunidad deseosa de volver a empezar, de volver a vivir en paz.

Aunque siempre ha tenido de todo al mismo tiempo como comunidad, Ciudad Juárez se ha tornado desconcertante. Los tres órdenes de gobierno no logran coordinarse en un propósito superior de servicio desprovisto de intereses partidistas y politiqueros. El abandono a su suerte ha provocado en muchos ciudadanos la muerte de la esperanza. En ellos crece la apatía, por miedo, por sensación de soledad, o quizá por indolencia.

La participación cívica cargada de patriotismo auténtico, y que ha sido señera de los juarenses, parece extinguirse frente a la arrogancia del crimen organizado. Muchos sobreviven atormentados por el presentimiento justificado de tiempos peores, se sienten atrapados en su propia ciudad. Otros simplemente han emigrado; se han visto obligados a dejar su legítimo patrimonio material para darle refugio seguro a sus hijos en otra parte.

A muchos que no conocen esta gallarda ciudad ni su trayectoria de esfuerzo; que sólo saben de ella por las escandalosas e irresponsables noticias que la han dibujado sangrienta desde hace más de dos décadas, les parece más viciosa que artística, más peligrosa que pacífica, más materialista que espiritual. Tal vez así parece, pero no está en su naturaleza la perversidad ni el hedonismo que se le quiere imponer para desfigurar su alma formada de dignidad humana.

La solidaridad y la inclinación por el trabajo honrado son cualidades inherentes a esta comunidad que nació en ambas riberas del Bravo mucho antes de que la deformidad política de otro tiempo le impusiera la condición de frontera que ahora la distingue y enaltece. La hospitalidad y la generosidad son cualidades que ha desarrollado a modo de virtud con antelación a que el río fuese decretado como límite entre dos naciones. La referida separación binacional nunca pudo, sin embargo, dividir el espíritu comunitario de los que aquí hemos vivido.

En la libertad de espacio que ofrece esta agreste región del norte de México, se han forjado generaciones de hombres y mujeres con indómitas voluntades independientes y hasta rebeldes, pero no criminales. Aquí han transitado pueblos guerreros, como las tribus indias llamadas apaches por los españoles, pero no asesinos. A los juarenses se les ha llamado "bárbaros del norte", no en sentido peyorativo, sino por lo sobresaliente de su fuerza de voluntad, "de un supremo e invencible anhelo de libertad", como explicó Fernando Jordán en su *Crónica de un país bárbaro* en 1965. Con razón pregona el

"Corrido de Chihuahua" que somos una comunidad brava como un león herido, pero dulce como una canción.

Desde aquí, donde comienza la patria, muchas veces se ha dado gloria a nuestra nación mestiza; desde aquí se han iluminado facetas trascendentes que dieron cauce al país democrático que hoy destaca en Latinoamérica. Aquí nacen caminos que llevan a todas partes, al éxito o al fracaso, pero no al holocausto.

La violencia no está en la personalidad recia pero noble de esta ciudad, ahora doliente; no figura en su historia que le ha llamado con diferentes nombres pero que no le ha modificado su esencia. Aquí no confundimos la firmeza con la rudeza, ni el carácter con el mal carácter que ha llegado en las maletas de aventureros que recientemente vinieron a desbocar sus impulsos agresivos incubados en otra parte. Hay una diferencia fundamental que hay que hacer notar para que no nos clasifiquen falsamente.

Predestinada a ser sede de expresiones pluriculturales provenientes del norte, del sur y de otros continentes, Ciudad Juárez se ha distinguido, desde antes de ser bautizada como Misión de Guadalupe en 1659, por ser lugar de encuentro. Dos centurias y media después, en ocasión de celebrar su fundación, y precisamente en la víspera del llamado "bicentenario" que conmemora el inicio de nuestra Independencia y de nuestra Revolución, los juarenses tenemos una irrepetible oportunidad de hacer una nueva gesta ciudadana que concentre nuestra energía en un propósito fundamental: iniciar una revolución de paz que reivindique a nuestra ciudad frente al mundo como tierra de oportunidades; que levante la moral de nuestro pueblo y despierte el interés ausente de volver a ser lo que siempre hemos sido como comunidad.

El año 2010 será la ocasión impostergable para terminar con la barbarie, con el desinterés y con la abulia que agravia nuestra evolución histórica; para dejar atrás un capítulo angustiosamente largo, soberbio y turbulento, de fuego y de sangre, de dolor y de muerte. Debió serlo antes, pero el año siguiente será propicio para reencontrarnos con nosotros mismos en un abrazo fraterno que haga valer nuestra sangre como la de todas las comunidades humanas en el mundo.

Cuando hemos querido hemos podido. Ahora queremos y podremos hacer del 2010 el año de la reunificación; de la suma de voluntades para devolver a estas tierras ásperas del norte el vigor y la pujanza de sus habitantes, el que llegó para quedarse con la expedición de Juan de Oñate cuando abrió la ruta del Paso del Norte a finales del siglo XVI. Queremos reinstalar los valores humanos que arribaron en las carretas franciscanas a principios del siglo XVII.

Queremos decir lo que en verdad somos y acreditar con hechos nuestra capacidad realizadora. No queremos que se haga viejo e impotente nuestro anhelo de justicia y de concordia. No pretendemos abonar con nuestros muertos el terreno de la discordia, sólo deseamos sepultar el fatalismo que ahoga en los pantanos de la desesperanza a nuestras familias. Tampoco queremos convertirnos en verdugos de quienes han podido pero no han querido; sino erigir la tolerancia, la comprensión y el perdón como cimiento de una nueva época de progreso. Queremos retomar nuestro papel en el destino de México. Los juarenses queremos volver a empezar.

SOLIDARIDAD Y APOYO DE LA COMUNIDAD INTERNACIONAL CON JUÁREZ

23 de agosto de 2009

Las mujeres y hombres honestos que habitan Ciudad Juárez son hoy un símbolo internacional de templanza y de lucha por la paz. Esta comunidad resiente los síntomas de una crisis en los más variados ámbitos del acontecer social y, como si no fuera suficiente, padece además los efectos corrosivos del crimen organizado.

A pesar de la terrible realidad de la guerra contra el narco-tráfico, a pesar del miedo, de la indignación, de la desgarradora violencia, la mayoría de los habitantes de esta históricamente vigorosa frontera se abrazan al orgullo de ser juarenses. Quieren seguir viviendo con rectitud, trabajar decentemente, educar a sus hijos y avanzar hacia el futuro con la frente en alto. Desean caminar sorteando las vicisitudes normales de convivencia humana, no las que impone el crimen. Esta actitud de dignidad y templanza es, por decir lo menos, admirable.

Por ello, convocados por la Organización Demócrata Cristiana de América (ODCA), académicos, líderes de la sociedad civil, especialistas y gobernantes vendrán esta semana desde diversas partes del mundo y de la República para enviar un fuerte mensaje: Ciudad Juárez cuenta con el apoyo y la solidaridad de México y del mundo en sus esfuerzos por alcanzar la paz.

Más allá de banderas políticas, de ideologías o de colores partidistas, los invitados al II Foro Internacional "Inseguridad, dolor evitable", están unidos por su fuerte conciencia de la necesidad de proteger a las familias de América de la violencia y de la delincuencia, así como de sus secuelas económicas y sociales. Su experiencia y vivencias quieren ser un aporte al esfuerzo de la comunidad juarense.

Con su presencia y testimonio, estos invitados respaldarán el esfuerzo decidido y permanente, valiente y ejemplar, de los gobiernos federal, estatal y municipal. Mostrarán que es posible y necesario pisar territorio juarense, dialogar con los habitantes de la ciudad, crear junto con ellos nuevos caminos de entendimiento que permitan dejar atrás la violencia.

Frutos del respaldo internacional

La primera celebración de este foro se dio en la ciudad de Bogotá. Contó con la presencia del presidente de Colombia, Álvaro Uribe. El apoyo internacional tan meritorio que el evento brindó al presidente colombiano, significó un impulso adicional para lanzar la exitosa Operación Jaque, que tuvo como resultado el rescate de Ingrid Betancourt y de otros 14 rehenes que estaban en manos de la guerrilla. Así lo ha señalado este mandatario, reconocido internacionalmente como el gran constructor de la paz en Colombia.

Tras esa experiencia tan positiva, la ODCA decidió atraer la atención de México y del mundo hacia Ciudad Juárez, pero ahora con un sentido positivo y esperanzador: sugerir acciones para la paz.

Uno de los objetivos torales de nuestro encuentro es recordar nacional e internacionalmente el valor de la gente de esta frontera, su voluntad de trabajar, de avanzar, de crear un ambiente de paz para sus hijos y sus familias. Por ello, celebrar este foro en Ciudad Juárez es una muestra de fe en los juarenses y en su futuro.

Un espacio para la esperanza y la creación de propuestas

Nos mueve la más transparente intención de ser propositivos y robustecer la fuerza de los pacíficos; promover el respeto y la tolerancia. Con este espíritu, pleno de ánimo y esperanza, el Foro servirá como un semillero de ideas y políticas públicas que ya han probado su éxito, a nivel internacional, en materia de seguridad. Todas las voces convocadas tendrán como preocupación principal señalar nuevos caminos hacia la paz.

Deseamos alentar la concordia abierta al diálogo que no excluye la controversia, la oposición, ni la pasión por las ideas; pero sí la injuria, el prejuicio y el rencor. Queremos hacer del Foro un espacio para el encuentro e intercambio entre quienes piensan diferente; no es maquiavelismo, complacencia, olvido de principios, ni renuncia a las propias convicciones, sino disposición a la corresponsabilidad y a la suma de voluntades dispersas en torno a un propósito común: la seguridad de los juarenses.

Ciudad Juárez es en muchos sentidos un microcosmos de lo que podemos esperar en diversas ciudades del Continente si no aplicamos políticas de seguridad efectivas, humanistas y respetuosas de la dignidad de las personas. El clamor desesperado de los juarenses por su tranquilidad se reproduce en prácticamente todos los rincones de América: inestabilidad política, guerrillas, maras, terrorismo, secuestro, narcotráfico, son expresiones de violencia que podrán diferir en sus causas pero no en su efecto, que es la degradación del ser humano.

Por ello, las propuestas que aquí se generen se entregarán a organismos internacionales y gobiernos de todo el Continente americano; a organismos de la sociedad civil e instituciones académicas, para que sean consideradas y difundidas tan ampliamente como sea posible.

Acciones para la paz

Desde el humanismo político, consideramos un círculo vicioso concebir el combate al crimen sólo como un asunto de aplicación de la fuerza y una carrera armamentista entre policías y criminales.

Todo lo contrario: buscamos que las propuestas de este foro orienten a los gobiernos para que intenten vencer el mal con el bien. Dicho de otra manera, vamos a diseñar acciones que busquen la paz y que no sean sólo dosis más elevadas de la misma violencia. El uso legítimo de la fuerza del Estado no es suficiente cuando se pierden los puntos de referencia éticos y trascendentes de una comunidad.

Con una visión demócrata y respetuosa de la dignidad de las personas, apostamos por el fortalecimiento del tejido de las sociedades, por la reconciliación, los programas de segundas oportunidades para quienes han delinquido, el diálogo y los esfuerzos de educación para la paz.

Seguridad, base de la convivencia humana

Las implicaciones de la seguridad pública tienen una importancia que trasciende la acción policiaca y la militar, pues afectan la gobernabilidad, la consolidación de la democracia y la arquitectura institucional de los Estados.

Las ramificaciones de la violencia son tan trascendentes que impactan en la vida toda de una comunidad. La economía, la productividad, la tranquilidad de las personas e incluso la convivencia y el tejido social son vulnerados cuando el Estado es incapaz de consolidar un ambiente de paz.

En este sentido, la seguridad pública no es un tema más en la agenda política de las democracias de América, es el tema que debemos resolver para avanzar hacia la consolidación de un Continente con prosperidad, libertad, democracia, justicia y paz para todas las personas.

Tengo la certeza de que trabajando unidos —por encima de nuestras legítimas diferencias políticas— y siguiendo el ejemplo de pueblos dignos y fuertes como el juarense, podremos evitar el dolor evitable; ése que nos causamos unos a otros. Con energía creadora, que no debe equipararse a la violencia, seguiremos poniendo énfasis en la vigencia de una idea: es posible y lo vamos a lograr.

SEGURIDAD FRONTERIZA Y ASPECTOS LEGALES

26 de abril de 1995

En el tiempo que vivimos, caracterizado por la enorme crisis de ausencia de valores fundamentales en la vida de la humanidad, acosada por el fenómeno de la globalización criminal con organizaciones corporativas transnacionales, no resulta difícil percatarse que uno de los principales retos de la sociedad internacional, es encontrar formas de convivencia armónica que le provean de seguridad en todos los ámbitos: en el económico, en el moral, en el social y hasta en el político.

A ello, en México sumamos la profunda crisis económica y de injusticia social que afrontamos. En tal circunstancia, la ausencia de seguridad se hace aún más evidente, particularmente en la franja fronteriza del norte. Ahora explico por qué.

Históricamente, esta zona del país se ha destacado como un polo de atracción de importantes flujos migratorios de mexicanos que se desplazan de los estados del centro y del sur, buscando oportunidades de trabajo, ya sea internándose a los Estados Unidos de Norteamérica, o bien, residenciándose en nuestras ciudades, sobre todo en las que desde 1965, se han establecido las aproximadamente 2 mil maquiladoras que hoy por hoy son el principal elemento perdurable que estimula y favorece el acelerado crecimiento poblacional en las ciudades más importantes de la frontera.

Este proceso de crecimiento poblacional sigue un esquema de urbanización binacional en el que por un lado, se desarrollan ciudades mexicanas que albergan a las empresas maquiladoras y a las precarias colonias donde viven sus obreros, y por el otro, se localizan grandes centros comerciales y complejos urbanos donde se encuentran las sedes de empresas matrices de esas maquiladoras.

Por lo que toca a la frontera mexicana, es de destacar que la dinámica de crecimiento descrita, rebasa por mucho la capacidad real de atención de los respectivos gobiernos, a las múltiples demandas sociales de una comunidad que se multiplica a una velocidad acelerada.

Consecuencia directa de este particular comportamiento socioeconómico —aunque con variaciones que definen las diversas realidades de los seis estados y sus ciudades fronterizas— son los asentamientos irregulares, que crecen anárquicamente y se multiplican, provocando desajustes sociales de diferente naturaleza y alcance, que dan a nuestras ciudades en frontera, además de una fisonomía atrasada y muy desequilibrada, una imagen de desorden social y hasta moral donde germina la inseguridad pública, palpable no sólo en la estadística delictiva y criminal, sino en la insuficiencia de servicios, de escuelas, de áreas de esparcimiento, de centros de abasto doméstico, de vialidades, de clínicas hospitalarias. Factores todos que agudizan la injusticia social, madre de la violencia, de la inseguridad.

Esta problemática es prácticamente imposible de atender y resolver por las administraciones políticas locales que permanentemente buscan fórmulas para disminuir el fenómeno social de la inseguridad.

Así, se equipan y capacitan a los cuerpos policiacos; se promueven comités multidisciplinarios para examinar y evaluar la procuración y administración de la seguridad pública como un servicio que brinda el gobierno; se constituyen grupos de trabajo de expertos en diversas áreas de la seguridad tales como el Beta; se implantan operativos coordinados de las diferentes instituciones rectoras de la seguridad; se promueve involucrar a la sociedad civil en la solución de problemas concretos en la materia.

En fin, se hace un esfuerzo serio para alcanzar la seguridad pública, conceptuada ésta como un servicio cuya prestación, en el marco del respeto a los derechos humanos, corresponde al Estado. Se intenta brindar ese servicio que busca desde la institucionalidad del gobierno, mantener el respeto al derecho positivo, procurar la tranquilidad y el orden público, prever la comisión de delitos y brindar protección a las personas en su integridad y en sus bienes. Pero no se logra satisfactoriamente.

Existe voluntad de nuestras autoridades en la frontera para resolver el problema y se reconoce un esfuerzo serio de la sociedad que coopera a través de diversas instituciones representativas. Lo que ocurre es que se atacan las consecuencias del problema, pero no las causas, no el origen del fenómeno. Se combate la violencia con la acción ofensiva de los cuerpos policiacos; se combate la injusticia social con programas paternalistas como el Pronasol, pero no se llega al fondo del problema.

La causa eficiente u origen de la inseguridad está en el orden jurídico prevaleciente, que ciertamente no es un reflejo de la equidad que exige la justicia. Justicia que es condición para que haya orden social.

Tenemos un orden jurídico, o mejor dicho, un marco jurídico que debiera ser un reflejo de la intención de justicia del Estado. De esa intención que desde el gobierno está obligada a procurar el bien común por encima de cualquier otro interés. Pero no es así.

Nos rige un orden jurídico proteccionista de los intereses del gobierno por encima de los intereses de la nación. Ahí están como muestra la ley del impuesto sobre la renta, o la ley del IVA, o las tantas leyes que protegen el interés oficial y no el del ciudadano común.

Padecemos un centralismo fiscal y político que impide moverse con libertad a los municipios y a los estados hacia un armónico y equilibrado desarrollo de nuestras comunidades. Armonía que debe lograrse en nombre de un principio superior que es la justicia, pues no hay orden sin justicia y sin ésta no hay seguridad social, no hay seguridad pública.

De lo anterior se desprende que la solución de fondo al problema de la inseguridad, sobre todo en la frontera, donde se manifiesta en forma más aguda, se encuentra en una reforma jurídica que dé vigencia al federalismo fiscal del que habrá de derivarse una justa distribución de los recursos que genera el pueblo y que hoy son centralizados en la esfera federal de gobierno; y que dé vigencia al federalismo político para ampliar las facultades a los municipios y a los estados para satisfacer sus propias necesidades, las más urgentes, como lo es la inseguridad pública y social.

En el federalismo está la respuesta definitiva al reclamo de seguridad, sí, pero también a otras demandas sociales.

No se debe exigir orden para gobernar bien, como suele expresarse el gobierno federal y la mayoría de los gobiernos de los estados cuando hay exigencia ciudadana, sino hay que gobernar bien para lograr el único orden que tiene sentido. No es el orden el que refuerza la justicia, sino la justicia la que da su certeza al orden.

Y en ese propósito, sólo con la exigencia ciudadana y con el apoyo social al federalismo podrá definirse un nuevo orden jurídico orientado a tener un auténtico orden social, pues es claro que de nada sirve a una sociedad que las leyes le concedan una larga lista de derechos si no cuenta con los medios para hacerlos efectivos.

Como conclusión, propongo se desarrollen tesis nuevas sobre el papel de los órganos gubernamentales rectores de la seguridad en la frontera, y que se reforme el esquema de contribuciones al Estado mexicano, a efecto de que los estados y los municipios de esta franja geográfica, sean susceptibles de ser fortalecidos con mayores participaciones federales, que se destinen a la implementación de cuanto programa eficaz se conciba para proveer el bien común en la seguridad de sus comunidades.

No violencia activa, camino de paz

30 de noviembre de 1991

El camino más fácil para protegernos y salvaguardar a nuestras familias de la inmisericorde violencia destacada en esta comunidad en que compartimos vida los vecinos de ambos lados de la frontera, sería sin duda el de recurrir a la agresividad como medida de defensa: pero sería también el error mayúsculo que estaríamos cometiendo si de verdad deseamos la tranquilidad en el orden social, elemento esencial del bien común.

Es terrible la situación de inseguridad en que vivimos, así, es cierto y evidente, por doquiera acecha el peligro, y ya la psicosis del terror se ha enseñoreado de los juarenses y paseños: asesinatos, robos, violaciones, tortura, asedio sexual, asaltos, atentados y muchas más atrocidades que se cometen en lugares y en horas que son de alarmar.

Y si a esta cruda realidad se suma la impotencia de las autoridades, incapaces de frenar la constante agresión de que es sujeto la población a quien debe proteger y servir, y burladas en su estéril esfuerzo —porque lo hacen— de restaurar la confianza de vivir en paz, es de esperar entonces, que la angustia de sentirnos susceptibles de ser víctimas en carne propia o en los seres que amamos, nos estimule el natural instinto de la legítima autodefensa; y es en ese preciso momento cuando, influidos por la indignación, el coraje y el miedo, y queriendo prevenir un lamentable suceso, podemos ceder ante la tentación de "armarnos hasta los dientes", convirtiéndonos en potenciales enemigos de la paz que anhelamos. Ése no es el camino, definitivamente.

No olvidemos que la violencia engendra violencia, y que para que la paz sea genuina debe reunir ciertas condiciones como son: lealtad, justicia, afirmación de la dignidad humana, respeto a los valores morales, recta intención y proscripción de la violencia misma. Dada nuestra frágil naturaleza herida por el pecado, el cuidado de la paz reclama de cada uno un constante dominio de sí mismo y, por supuesto, vigilancia efectiva de la autoridad política. Esto, sin embargo, no basta; es absolutamente necesario el firme propósito de respetar a los demás, aún a nuestros detractores, que han sido presa del mal generado por la ambición y el odio. Es difícil sí, pero es posible porque existe la caridad fraterna que es fuente de amor.

No causemos más dolor del que ya se sufre, pero tampoco asumamos la cómoda y cobarde postura de la pasividad. Nos asiste el derecho de participar en la propia defensa, vayamos a ejercerlo con la prudencia que reclaman las circunstancias, y siguiendo el ejemplo de Cristo, de Gandhi y de Martin Luther King, vayamos a luchar por la paz y a buscar con sinceridad y sin falsos disimulos la tranquilidad perdida; hagámoslo juntos, pueblo y gobierno, pero por el camino más seguro.

IV. Propuestas humanistas

CRITERIOS GENERALES PARA UNA
SEGURIDAD CON SENTIDO HUMANO

Nuestra generación ha tenido en la seguridad pública un tema fundamental y una preocupación permanente. Ya desde la década de los ochenta, cuando fui funcionario de la Dirección de Seguridad Pública municipal en Ciudad Juárez, era evidente que el futuro de nuestra sociedad, de nuestra nación entera y del Estado mismo, pasaba por triunfar o fracasar frente a los desafíos de la delincuencia.

Afortunadamente, los mexicanos contamos con un rico bagaje de ideas generadas por el humanismo político que dotan de fuerza, energía y efectividad a la lucha contra el crimen.

Quizá las más importante de tales ideas sean aquellas que trazan sendas de pluralidad, de respeto al otro, de conjunción de esfuerzos; las ideas que nos impelen, en fin, a procurar la seguridad pública con una convocatoria universal, suprapartidista, apolítica, con una sólida visión de Estado.

Respondiendo a esta formación humanista, en mi primer cargo como servidor público elaboré un reglamento para operación policiaca destinado a limitar el riesgo de acciones autoritarias y a privilegiar las libertades ciudadanas y el respeto a los derechos humanos. Aunque se concibió originalmente para aplicarse en Ciudad Juárez, dicho reglamento fue hecho ley por el Congreso local a fin de que se aplicara en todo el estado de Chihuahua.

Luego, como primer secretario de la Comisión de Defensa, busqué dotar de sentido humanista a dos proyectos de iniciativa de Ley para reformar la Ley Federal de Armas de Fuego y Explosivos y para crear la Ley de Instrucción Militar para Civiles que supliría a la desfasada Ley del Servicio Militar Nacional.

Ese mismo espíritu se vio reflejado en los principios que la Organización Demócrata Cristiana de América (ODCA) definió como esenciales para la lucha por la seguridad pública.

Como presidente de dicha organización internacional, que agrupa 35 partidos unidos por el humanismo político, alenté principios como tener más sociedad en la policía y no más policía en la sociedad, a fin de crear una relación sólida entre los ciudadanos y los servidores públicos encargados de su protección y evitar la creación de castas uniformadas.

El humanismo político promueve la participación de la ciudadanía en todas las decisiones de impacto comunitario y las que conciernen a la seguridad pública no son la excepción. Consideramos que los observatorios, comités y consejos ciudadanos dotan de una visión apartidista y una sensibilidad social indispensables para el éxito de las tareas policiacas.

Otro principio fundamental es atacar la inseguridad con más democracia, no con menos. La historia comprueba que la primera tentación de muchos gobernantes es debilitar los derechos democráticos con los que cuentan los ciudadanos a fin de facilitar el combate al crimen. Sin embargo, ello invariablemente resulta contraproducente.

La democracia es iluminadora, por sí misma genera condiciones para avanzar hacia sociedades más justas y seguras. La acertada impartición de justicia, la rendición de cuentas, la transparencia, la libertad de expresión, el civismo, son valores democráticos que cimentan la tranquilidad de los ciudadanos y obstaculizan los actos ilegales. Con el paso del tiempo, la seguridad y la democracia terminan por crear un círculo virtuoso.

Un tercer valor promovido por la ODCA es la descentralización. Con la intención de revitalizar el principio humanista de la subsidiariedad, es necesario fortalecer los gobiernos locales en la lucha contra el crimen. Ello implica ir contra una tradición centralista de gran arraigo en América Latina, pero es indispensable para crear un entramado institucional con presencia, efectividad y peso en todo el territorio nacional.

Tan indispensable como la descentralización es la transparencia. Con el resguardo de las estrategias y de la integridad física de los servidores públicos como única limitante, los gobernantes deben conducirse con transparencia en materia de seguridad pública. Ello forja un clima de cooperación con la sociedad y además evita que se generen espacios de opacidad propicios para la corrupción.

Aunque los anteriores principios son irrenunciables, el primordial debe ser enfrentar la inseguridad con un enfoque cultural: es necesario crear condiciones de paz, aprecio a la legalidad y estabilidad en la sociedad para dificultar la acción de los delincuentes. Aunque generar tales condiciones puede llevar décadas y en ocasiones emplear la fuerza legítima del Estado es indispensable, sólo una apuesta por la educación y la cultura puede triunfar contra la delincuencia.

SEGURIDAD, UN CLAMOR DESESPERADO

Más allá de la evolución de los conceptos de seguridad nacional e internacional y de que los mismos generan cambios en la dinámica contemporánea de procurarlas, lo que no cambia es que la seguridad integral abarca la protección personal y social, privada y pública, institucional y jurídica. Por encima de la semántica de los términos, el momento presente reclama resolver con urgencia el gravísimo problema de la inseguridad generalizada en Ciudad Juárez; a salvaguardar la vida de las personas y de las comunidades; a restablecer condiciones para que los ciudadanos realicen sus actividades cotidianas y ejerzan sus derechos constitucionales con tranquilidad.

Entre los numerosos compromisos que encara la comunidad juarense, en forma destacada e impostergable está el de consolidar estándares aceptables de seguridad. Este reto supone un gran esfuerzo para erradicar la violencia que tiende a ser cada vez más agresiva y destructiva, y que atrofia la sensibilidad humana. No basta que exista la intención de luchar contra el mal que provoca desorden en nuestros pueblos. Es necesario poner medidas concretas y eficaces, pero desde una perspectiva de lucha orientada a vencer el mal con el bien, es decir, con acciones que busquen la paz y no con una dosis de la misma violencia.

Ante la tendencia de los gobiernos de reprender severamente a los delincuentes, desde una visión humanista es preferible alentar el establecimiento de programas efectivos de reinserción y segundas oportunidades a aquellas personas, en especial jóvenes, que dejen sus antiguas actividades delictivas en pandillas, grupos terroristas, subversivos y de crimen organizado, con el fin de acogerlos de nuevo en sociedad como ciudadanos respetuosos del Estado de Derecho, la democracia y las prerrogativas fundamentales. Recomendamos iniciar programas encaminados a la erradicación de la pobreza extrema y la exclusión social, causantes de inseguridad y vulnerabilidad de la paz internacional.

El mejor remedio contra la inseguridad debe arrancar de la actitud movida por sentimientos auténticamente humanos, por ello sugerimos a las autoridades implementar medidas preventivas y disuasivas que eviten llegar a situaciones extremas, como servir de mediadores y procurar la reconciliación entre las partes desde las primeras etapas de la discrepancia o conflicto. En estas propuestas puede apreciarse un común denominador: el espíritu democrático y humanista. Porque sólo desde la democracia con sentido humano puede asegurarse que el fuerte no abuse del débil, que el Estado sea un protector de los ciudadanos y se respeten plenamente sus derechos fundamentales.

Adicionalmente, y a propósito de los comicios a celebrarse en 2010 en Chihuahua, debemos reconocer que los partidos políticos de todos los signos están expuestos a la injerencia del crimen organizado en las campañas electorales. Hay justificadas razones para estar alerta ante una posible intromisión que busque imponer candidatos desde la delincuencia, a fin de obtener el control sobre cuerpos policiacos, órdenes de gobierno y espacios legislativos. Debemos no sólo estar alerta, sino blindar a nuestras organizaciones partidarias de ese riesgo, desde mecanismos democráticos, e incluso, considerar medidas institucionales extraordinarias que eviten el riesgo de la infiltración criminal desde la competencia electoral.

USO RESPONSABLE DE LA FUERZA PARA LA SEGURIDAD Y LA PAZ

Un primer paso, preliminar pero indispensable, para proscribir la violencia en todas sus formas consiste en distinguir entre fuerza y violencia y reconocer que para imponer la justicia, la primera sólo se puede justificar al servicio del derecho en razón de legítima defensa. No hay que perder de vista que la fuerza pierde sustento cuando se erige de modo sistemático y permanente; que su empleo arbitrario es ilegítimo y, lo peor, no resuelve la violencia, sino que la empeora y debilita al Estado.

La paz verdadera no es la mera ausencia de violencia, es tranquilidad en el orden, nace a partir de la justicia y es efecto de las virtudes sociales. Porque la paz social es uno de los elementos fundamentales del bien común y porque la fuerza interior y exterior contra el desorden solamente la pueden tener los pacíficos. Los juarenses comprometidos con la paz reconocemos y declaramos nuestra vocación pacifista, pero condenamos sin titubeos ni claudicaciones el narcotráfico, la guerrilla, el terrorismo y todas las formas de inseguridad que generan brutalidad en nuestra comunidad.

El panorama de dolor que plantea el desafío de la violencia en el mundo, ha despertado nostalgias autoritarias en más de uno, aun en países democráticos como el nuestro. El sentido de urgencia ha propiciado precipitaciones; hay quienes argumentan que un esquema de mano dura propicia un clima social más pacífico. En Ciudad Juárez ya constatamos que no es así. La estrategia fallida del gobierno basada en el uso de la fuerza resultó un agravante de la violencia.

En algunos países se han diseñado programas centralizados para imponer la seguridad civil mediante el uso de las fuerzas armadas. Esto ha creado poderes centrales inamovibles que suplantan a los poderes legalmente constituidos; que ahogan e impiden el desarrollo político y la participación de los ciudadanos. La consecuencia ha sido la restricción de derechos y la imposición del miedo, lo que ha significado disminución de la paz social, retroceso en la procuración de justicia y postergación de una solución real.

Frente a esta tendencia, nuestra propuesta básica es que no haya un grande que vigile a los pequeños. Ese esquema autoritario ya se ha llevado a la práctica y ha resultado un fracaso. Sugerimos que la batalla por la seguridad se gane desde el respeto a la arquitectura institucional y a las leyes; con base en los valores de la democracia y no con la fuerza de las armas.

Proponemos respetar el principio de autoridad, la coordinación y el reconocimiento entre las autoridades, así como un nivel de transparencia que permita la participación y escudriñamiento de las acciones de la autoridad por la sociedad. De manera especial, estimulamos la sensibilidad y apertura de los gobernantes para discutir públicamente sus estrategias y replantearlas cuando sea necesario. Ésa es la solución democrática que supone respaldar subsidiariamente a los órdenes menores de gobierno, pero sin sustituirlos en el mando de sus comunidades, cuyos ciudadanos deben y tienen derecho a vigilar permanentemente su desempeño y a involucrarse en la toma de decisiones.

Asimismo, dar prioridad a la cooperación intranacional e internacional que, a través de medidas de confianza mutua, garantice el intercambio de información de inteligencia y de pruebas que permita disuadir la acción de los grupos criminales que han roto la estabilidad en Ciudad Juárez. Sugerimos acompañar procesos de desarme e inmovilización de actores que operan al margen de las leyes, promoviendo programas que permitan la perdurabilidad de los procesos de paz, en común acuerdo con las partes implicadas.

Exhortamos a dejar el uso de la fuerza sólo como último recurso, para cuando sea exigida por la gravedad de las circunstancias y se hayan agotado todos los medios pacíficos posibles mediante el diálogo, negociaciones y consultas, advertencias y amonestaciones.

Sugerimos impulsar, a través de programas de capacitación y debate académico, la participación colectiva entre sector público, sector privado, partidos políticos y sociedad civil organizada en la labor de combatir la inseguridad, contribuyendo a la unión comunitaria. De igual forma, impulsar el diálogo para fortalecer el entendimiento entre los sectores de la comunidad, a través de canales gubernamentales y organizaciones sociales en casos de crisis originadas por la falta de comprensión y conocimiento de las realidades sociales y de seguridad.

101 ACCIONES PARA LA PAZ

En agosto de 2009 cientos de personas de 22 países demostraron que sí hay caminos para alcanzar la seguridad pública, que es posible construir acuerdos que se eleven por encima de las diferencias políticas, que se puede hacer triunfar la esperanza.

Como una muestra de valentía personal y solidaridad, se apersonaron en Ciudad Juárez provenientes de América Latina y Europa, académicos, funcionarios, autoridades, víctimas de delitos, líderes políticos, activistas sociales y especialistas comprometidos con la concordia y la paz de los pueblos de América. Ahí expusieron sus experiencias, conocimientos y testimonios para sustentar propuestas a favor de la seguridad del pueblo de México, y particularmente de los juarenses. Se reunieron para levantar una bandera por la paz y aportar su conocimiento y su experiencia en el marco del II Foro Internacional: Inseguridad, dolor evitable.

Esta plural convocatoria de la ODCA fructificó en un valioso documento propositivo y práctico que recogió algunas de las reflexiones y sugerencias antes expuestas y que fueron publicadas en mi obra *Volver a empezar*.[20] En él, gobernantes y gobernados pueden encontrar sugerencias útiles para combatir la inseguridad. Aunque se enfoca en Ciudad Juárez, este texto puede servir a cualquier comunidad, especialmente a las de América Latina. Hay ideas, hay capacidad de cambiar, hay propuestas, como las que aquí se enumeran.

Aunque hubo indiferencia del Ejecutivo Federal ante dicho documento, ésta nada tuvo que ver con la palabra esperanzada de diversas instituciones nacionales e internacionales, organismos de la sociedad civil, gobernadores, embajadores, ministros religiosos y legisladores locales y federales.

Sobresalió que, refiriéndose al producto de la convocatoria plural de la ODCA —que se hizo extensiva al presidente Calderón— el embajador estadounidense Carlos Pascual afirmó:

Estoy de acuerdo en que la violencia es un asunto grave que requiere mucha atención y dedicación. Me ha impresionado su labor en diversos temas y principalmente las recomendaciones que presenta. Estoy seguro que con la cooperación internacional y un liderazgo con compromiso podremos salir adelante y ganar esta lucha.

Desde la citada representación plural proveniente de diversas regiones y convicciones políticas, con distintas visiones sociales e ideologías, y como una expresión de solidaridad con esta tradicionalmente hospitalaria ciudad de nuestro Continente, se hizo pública la siguiente:

Declaración de Ciudad Juárez

Reconocemos que Ciudad Juárez ha sido un lugar de oportunidades y un apoyo estratégico para el desarrollo de México; una comunidad generosa que ha brindado trabajo y bienestar a muchas familias que aquí encontraron un modo honesto de vivir. Lamentamos que hoy los juarenses padezcan una crisis de injusticia social generada principalmente por la inseguridad que se manifiesta con violencia y con saña, que desequilibra el orden social y lo sustituye por el caos, el miedo, la intranquilidad, la incertidumbre hacia el futuro.

Reconocemos también el trabajo de las autoridades federales, estatales y municipales que en beneficio de los juarenses han sostenido en contra del crimen organizado. Valoramos especialmente los extraordinarios esfuerzos que el Ejército Mexicano ha hecho en su intento por la seguridad pública de esta comunidad.

Avalamos la decisión y el compromiso con los que la sociedad civil organizada de Ciudad Juárez ha pugnado por la paz y por posicionar la indispensable idea de que ésta es corresponsabilidad de todos: autoridades civiles y ciudadanos en general; asociaciones deportivas y de servicio; medios de comunicación, comerciantes, industriales e instituciones educativas.

Apoyamos todo esfuerzo basado en los siguientes principios, que se expresan transversalmente en las propuestas que concretamos: no combatir la violencia con la violencia, sino creando una cultura para la paz; hacer vigente el Estado de derecho; apegarse a los valores de la democracia; transparentar la labor de las autoridades; y descentralizar el combate al crimen.

Demandamos de los gobernantes apertura y sensibilidad ante el dolor humano para debatir de manera pública los resultados de sus estrategias, revisarlas permanentemente con asesoría especializada y replantearlas cuando así lo exijan los resultados y las circunstancias, privilegiando siempre las labores de prevención e inhibición del delito sobre la reacción y el uso de la fuerza.

Por lo antes expuesto, y con el propósito de acreditar nuestra solidaridad y afecto con el pueblo de Ciudad Juárez, la ODCA sintetiza las conclusiones del II Foro Internacional: Inseguridad Dolor Evitable, y las pone a la consideración de las diversas instancias públicas y privadas en las siguientes propuestas:

A la comunidad en general:

1. Asumir que esta lucha se ganará mayoritariamente con las herramientas de la paz y la no violencia activa: dignificando y enalteciendo los principios cívicos y políticos de los juarenses, estrechando sus lazos comunitarios, apostando por los valores y la educación. Esta victoria será, sobre todo, una victoria cultural.
2. Participar de manera generalizada: gobernantes, organismos de la sociedad civil, familias, iglesias, instituciones educativas y medios de comunicación, todos desde sus distintos ámbitos pero coordinados y con el mismo objetivo supremo de construir la paz.
3. Instrumentar campañas permanentes que lleguen a todos los ámbitos educativos de la vida social —que vayan desde los esfuerzos que hacen los padres de familia por formar a sus hijos hasta los discursos políticos y contenidos mediáticos— y refuercen los valores, las tradiciones y la cultura de la frontera, para fomentar el arraigo, el orgullo y la identidad juarenses.
4. Crear programas de segundas oportunidades y reinserción social para quienes dejen sus actividades delictivas, en especial los jóvenes, a fin de acogerlos de nuevo como ciudadanos respetuosos de la ley.
5. Dar prioridad a los mecanismos no violentos de resolución de conflictos en todos los ámbitos de la sociedad, sobre todo en las familias, las escuelas y los lugares de trabajo. Ello creará, en el mediano y largo plazos, generaciones de niños y jóvenes comprometidos con la paz.
6. Atender con especial cuidado los grupos vulnerables de la sociedad, como mujeres y niños víctimas de maltratos, para sal-

vaguardar la dignidad de sus personas y además evitar que alimenten el círculo vicioso de la violencia, reproduciendo las acciones de las que fueron víctimas.

7. Hacer de la recuperación de los espacios públicos una prioridad de todos los ciudadanos; en la medida en que los parques, los centros deportivos, las escuelas e incluso los lotes baldíos tengan un uso comunitario constante y estén vigilados, disminuirán los lugares para que la delincuencia pueda influir sobre niños y jóvenes.

8. Revalorar la fructífera contribución social y económica del migrante a la historia de Ciudad Juárez, reconociendo que es un agente de desarrollo, un creador de oportunidades y base de la identidad fronteriza.

9. Retomar el reto del pleno empleo digno y con justicia salarial.

10. Promover un salto cualitativo en el enfoque vocacional comunitario, para pasar de una comunidad proveedora de mano de obra barata a una de capital humano que implica salud y educación para la competitividad.

A los gobiernos:

11. Asumir ante la comunidad el compromiso de mantener un respeto irrestricto a los derechos humanos y respetar los mecanismos que faciliten la supervisión de las Comisiones Estatal y Nacional de los Derechos Humanos.

12. Rehabilitar la confianza de la gente en sus instituciones por tres vertientes: lograr que los esquemas de seguridad sean para todos y no para unos pocos grupos sociales; generar confianza en inversionistas (el Estado garantiza la seguridad y los empresarios se comportan con responsabilidad social); y fomentar cohesión y corresponsabilidad comunitaria.

13. Abrir espacios de diálogo entre los sectores sociales para fortalecer el entendimiento comunitario, a través de canales gubernamentales y organizaciones cívicas.

14. Descentralizar de manera democrática el combate a la inseguridad pública, fortaleciendo subsidiariamente al gobierno municipal, estableciendo con claridad en los convenios de colaboración que la presencia de fuerzas estatales y federales está

al servicio del Ayuntamiento y evitando la percepción de que éstas suplantan al gobierno local.

15. Diseñar una arquitectura institucional y jurídica que permita e incentive la deserción al delito y la reinserción a la normalidad ciudadana de quienes delinquen.

16. Consolidar la presencia integral del Estado en todo el espacio territorial del municipio, sin circunscribirla al uso de la fuerza pública sino ampliándola a todos los servicios gubernamentales que contribuyan a generar condiciones de seguridad desde el desarrollo social.

17. Concebir las políticas de seguridad como políticas de Estado y no de gobierno, pensadas a largo plazo, con flexibilidad que permita enfrentar y responder —estratégica y tácticamente— al aumento de la criminalidad.

18. Sustentar la eficacia de los programas de seguridad en una acción de inteligencia sobre el crimen organizado —debidamente coordinada entre los gobiernos municipal, estatal y federal, y de forma binacional— que permita el flujo de información oportuna y haga innecesario el uso de la fuerza del Estado en forma ordinaria, exclusiva y permanente.

19. Legislar para asegurar que los programas estratégicos de seguridad pública sean permanentes y no dependan de los ciclos de elección de gobernantes.

20. Evitar pronunciamientos y anuncios que revelen estrategias contra el crimen organizado o que puedan ser percibidas por éste como una provocación.

21. Institucionalizar mecanismos legales que hagan irreversibles las políticas de seguridad, a fin de que las acciones de los delincuentes no amedrenten a las diferentes administraciones trianuales.

22. Evaluar permanentemente la eficacia de las estrategias vigentes y hacer los ajustes necesarios a las mismas.

23. Mejorar mediante reglas y procedimientos institucionales el sistema de coordinación entre órdenes de gobierno para asegurar una mayor eficacia en sus acciones conjuntas.

24. Revisar perfil de experiencia, profesionalismo y aptitud de quienes diseñan estrategias que inciden en la seguridad y sustituir a los funcionarios y especialistas que no garanticen resultados favorables.

25. Analizar la posibilidad de aplicar a los delincuentes penas alternativas a la cárcel, sin generar la sensación de que el sistema es injusto, pues ello deslegitima al Estado.
26. Establecer programas de subsidio para los estudiantes que por carencias económicas de sus padres abandonan la escuela.
27. Perfeccionar la institución de los juicios orales, puesto que la seguridad debe estar acompañada de justicia pronta, eficaz y transparente.
28. Cambiar el enfoque del sistema de procuración de justicia para que, además de procesar penalmente a los victimarios, se repare el daño ocasionado a las víctimas.
29. Evitar en lo posible la seguridad privada que complica la función esencial del Estado; supervisar los servicios de seguridad privada existentes y coordinarlos estratégicamente con los de seguridad pública.
30. Analizar la posibilidad de beneficiar el sistema carcelario por medio de la extradición de convictos.
31. Quebrar las finanzas de las organizaciones delictivas con leyes de extinción de dominio.
32. Ofrecer recompensas para premiar a ciudadanos que colaboren extraordinariamente con el Estado.
33. Instituir redes de cooperantes por medio de mecanismos motivadores, a fin de recopilar información y tener mayor presencia territorial.
34. Destacar el desarrollo social integral como estrategia complementaria para disminuir la tendencia delictiva en los sectores más vulnerables de la ciudad.
35. Concebir a los drogadictos como un problema de salud pública, no como criminales, y obrar en consecuencia.
36. Privilegiar políticas que generen espacios educativos, culturales y laborales para la juventud.
37. Dar prioridad a políticas públicas que disminuyan la exclusión social y la pobreza extrema, que en algunos casos contribuyen a causar inseguridad y vulnerar la paz.
38. Fortalecer las instituciones democráticas a fin de terminar con los espacios de impunidad y los intentos criminales de sustituir al Estado.

39. Legitimar las acciones locales de seguridad pública ante la sociedad nacional y la comunidad internacional para concitar confianza y respaldo ciudadano.
40. Establecer acuerdos binacionales que faciliten la coordinación y cooperación entre autoridades de El Paso, Texas, y de Ciudad Juárez.
41. Destinar recursos de organismos internacionales a Ciudad Juárez, con el argumento de que esta población padece las consecuencias de la delincuencia organizada trasnacional, justificando mediante proyectos la aplicación de los mismos.
42. Establecer mecanismos que garanticen la integridad física de los periodistas de las fuentes de seguridad, justicia y narcotráfico, así como la de los médicos, socorristas y personal de clínicas y hospitales.
43. Canalizar recursos a programas que reactiven la economía mediante generación de empleo con prioridad a sectores vulnerables, en forma extraordinaria, subsidiaria y temporal.
44. Implementar programas de atención a los migrantes, que por su vulnerabilidad y susceptibilidad pueden ser explotados por el crimen organizado.

A las corporaciones policiacas:

45. Promover que haya más sociedad en la policía y no más policía en la sociedad, generando mecanismos de observación ciudadana al desempeño de los cuerpos policiacos.
46. Crear o potenciar en la Dirección de Seguridad Pública municipal una oficina de vinculación con la sociedad y participación ciudadana que opere con una visión estrictamente social en coordinación con otras dependencias públicas y con organismos ciudadanos.
47. Estipular que el uso de la fuerza sea último recurso, a emplearse sólo ante circunstancias de gravedad extrema y únicamente cuando se hayan empleado todos los medios pacíficos al alcance de la autoridad.
48. Generar nexos entre vecinos por medio de policías de proximidad que se conviertan en un miembro más de la comunidad y creen confianza.

49. Unificar el mando policiaco para combatir los delitos de impacto estratégico, creando departamentos para cada área del combate a la delincuencia.

50. Profesionalizar, legitimar y especializar la labor policiaca, a fin de que no sea un cargo burocrático o un trabajo eventual sino una carrera.

51. Mejorar el desarrollo social de las fuerzas de seguridad pública e igualar los sueldos y las prestaciones de los policías en las diferentes corporaciones, así como fortalecer el compromiso de los servidores públicos con la seguridad ciudadana estableciendo incentivos que inhiban la corrupción y el riesgo de complicidad con el crimen organizado.

A las familias:

52. Comprometerse, de manera individual, a contribuir con la eliminación de la violencia social desde su célula básica, la familia, reeducándose para procesar sus conflictos naturales de manera respetuosa y tolerante.

53. Fomentar la cohesión familiar y el diálogo entre padres e hijos, asignando varios días a la semana para que convivan todos los miembros de la familia.

54. Vigilar que los hijos no se expongan a imágenes o situaciones que los desensibilicen ante la violencia o los aficione a ella.

55. Reforzar sus lazos comunitarios involucrándose con instituciones sociales, como asociaciones de vecinos, partidos políticos, programas educativos auspiciados por el gobierno o iglesias.

56. Formar consejos de padres de familia que vigilen la implementación de programas de seguridad y acciones de prevención en las escuelas.

57. Inscribir a sus hijos en actividades formativas extraescolares para fomentar en ellos el aprecio por los valores humanos y darles acceso a roles de conducta constructivos.

A las instituciones educativas, la comunidad académica y las iglesias:

58. Organizar e impartir cursos de ética, dictados por expertos, en todos los sectores de la sociedad para promover nociones como

las de dignidad humana, respeto, justicia, libertad, responsabilidad y obligación moral; y para capacitar en resolución pacífica de conflictos como alternativa a los mecanismos convencionales de control, represión y castigo.

59. Impulsar campañas, no de manera extraordinaria sino permanente, que promuevan la identidad y la historia de la comunidad juarense, y que hagan hincapié en el valor de la vida humana y de la dignidad de la persona.

60. Establecer mecanismos para la denuncia segura y anónima de actividades delictivas dentro de las escuelas, las universidades y las iglesias.

61. Presentar roles constructivos a los alumnos que les ayuden a formular un proyecto de vida desde temprana edad, a fin de que no se posicionen en su percepción los roles negativos presentados por la delincuencia. Una herramienta útil para ello es que los padres de sus compañeros visiten la escuela y hablen de sus trabajos.

62. Prevenir de manera permanente y sistemática al alumnado sobre los riesgos de contactar a narcomenudistas.

63. Vigilar con el mayor cuidado que no haya acoso escolar ni peleas entre alumnos, a fin de generar un clima de tranquilidad dentro de los planteles y aulas, que replique el que se espera formar fuera de las escuelas, en la sociedad en general.

64. Trabajar en la opinión pública para evitar que se difundan visiones estereotipadas sobre los migrantes, mismas que fomentan la discriminación en razón del origen de las personas y van en detrimento de la tradicional hospitalidad juarense.

65. Insistir en los deberes cívicos y sociales de los feligreses de todas las edades.

66. Dar un uso socialmente productivo a los espacios de las iglesias fuera de los tiempos de culto, aun cuando no esté estrechamente relacionado con su labor pastoral, a fin de fortalecer los lazos entre vecinos.

67. Fomentar entre la grey la creación de una cultura de la denuncia.

68. Establecer convenios de colaboración con las autoridades educativas y policiacas para el doble propósito de hacer fluir

la información sobre actividades delictivas de las que tengan conocimiento los líderes espirituales y atraer actividades educativas a las iglesias.

69. Reforzar la tradicional labor de las iglesias en pro de los migrantes, para ayudarlos a insertarse en la sociedad juarense de manera productiva y digna.

A los medios de comunicación:

70. Crear comités de periodistas, en los que la comunidad y las autoridades educativas tengan voz y voto, para reducir el amarillismo y el sensacionalismo, pues utilizar con fines mercantilistas los medios de comunicación puede llegar a provocar una psicosis social.

71. Tratar que la percepción social de la violencia sea lo más cercana a la realidad, pues sobredimensionarla contribuye a crear en los ciudadanos una actitud defensiva y ofensiva que los puede llevar a tomar medidas desesperadas que derivan en mayor violencia.

72. Posicionar la denuncia como una responsabilidad ciudadana, a fin de generar información para diseñar políticas efectivas.

73. Deslegitimar en la opinión pública la obra social de los narcotraficantes, puntualizando que por ella se paga un costo en sangre. También es necesario denunciar sus intromisiones en la vida comunitaria; por ejemplo, las que se dan en el deporte o los eventos sociales.

74. Proyectar en la opinión pública a la seguridad como un derecho humano y un valor democrático.

75. Contribuir a eliminar las nociones culturales de que hay una contradicción entre seguridad y democracia.

76. Ampliar el concepto de seguridad: como seguridad ciudadana integral, no sólo como un problema de control de la violencia, sino también con vertientes de prevención y rehabilitación.

77. Visibilizar a las víctimas, darles rostro y voz, para procesar duelos individuales y colectivos, así como generar impulso moral en la lucha contra la delincuencia.

78. Incentivar la participación coordinada de la autoridad, los sectores productivos, la sociedad civil y los partidos, de manera

que se persigan los objetivos de la sociedad entera y no sólo los gubernamentales.

79. Transparentar el financiamiento público y privado de los medios para evitar la infiltración y control del narcotráfico.

80. Estimular el orgullo de la comunidad fronteriza y la identidad juarense, destacando sus valores, logros y trayectoria histórica.

81. Sacar del aire los programas, la música y los comentarios que presenten la violencia de manera idealizada o como una conducta a seguir.

A los partidos e instituciones democráticas:

82. Suscribir y respetar acuerdos que comprometan a disminuir la conflictividad electoral y el debate político airado, que contribuyen a crear un clima social de crispación propicio para la inseguridad.

83. Presentar, de manera autónoma y pública, mecanismos que blinden a cada partido ante las injerencias del crimen organizado y garanticen la honestidad de sus candidatos y dirigentes.

84. Eliminar nociones partidistas en el tema de la seguridad, pues politizarlo disminuye la cohesión social necesaria para enfrentar al crimen.

85. Impulsar reformas legislativas para que las políticas sean eficaces y transparentes, medibles, con objetivos, tiempos y responsables; con acatamiento a los planteamientos constitucionales y respeto a los derechos humanos.

86. Impulsar reformas legislativas que alienten y faciliten la participación ciudadana y la vertebración social, puesto que la fortaleza de la sociedad es el mejor contrapeso a las acciones criminales.

87. Hacer una propuesta multipartidista que fortalezca el esquema tributario, para que no se haga la política de seguridad a expensas de la política social.

88. Vigilar, evaluar y señalar con autonomía, responsabilidad y libertad a los gobiernos —sean o no emanados de su partido— en sus estrategias a favor de la seguridad.

89. Fiscalizar y exigir que se cuide el perfil de los candidatos, sus trayectorias y expedientes personales.

A los organismos de la sociedad civil:

90. Impulsar —a través de programas de capacitación y debate académico— la participación colectiva entre autoridades, sector privado, partidos políticos y sociedad civil organizada en la labor de combatir la inseguridad, contribuyendo a la cohesión de la sociedad juarense.

91. Implementar programas que generen conciencia de participación y estimulen a los ciudadanos a denunciar el narcomenudeo en barrios y colonias, sin exponerlos a represalias.

92. Fomentar la unidad comunitaria por medio de la recuperación de los espacios de esparcimiento públicos; por ejemplo, usar las escuelas durante la noche para actividades que creen lazos sociales.

93. Crear un observatorio ciudadano que recopile estadísticas y elabore políticas públicas sobre criminalidad, al margen del gobierno.

94. Impulsar la institucionalización de consejos ciudadanos en todas las instancias oficiales encargadas de la seguridad.

95. Propiciar que haya participación directa de la ciudadanía en el diseño de las políticas públicas, a fin de que la sociedad las sienta como propias y no como impuestas, y coadyuve en su implementación y gestión.

96. Trabajar la cultura ciudadana para que no se desensibilice la sociedad ante la violencia, se aprecie el valor de la legalidad y de la vida, y se elimine la permisividad social ante la corrupción.

97. Impartir educación en valores y en cultura de la legalidad en las escuelas, con materias diseñadas entre educadores y padres de familia.

98. Generar esquemas de apoyo a las familias, educativos y socializantes, para que en su seno se instilen valores cívicos y de respeto a la legalidad en las nuevas generaciones. Ejemplo de ello son las escuelas para padres.

99. Utilizar las redes sociales cibernéticas para fomentar la participación social en el combate a la delincuencia y la presentación de denuncias.

100. Coordinar la creación de asociaciones que brinden información, como redes de taxistas, eclesiásticas, de vecinos, etcétera.

101. Establecer acuerdos binacionales de cooperación entre organizaciones de la sociedad civil de Ciudad Juárez y de El Paso, Texas.

En espera de que esta aportación coadyuve al anhelado propósito de la seguridad de Ciudad Juárez, hacemos votos porque los juarenses recuperen la normalidad ciudadana y vuelvan a tener calidad de vida con seguridad, pues éste es su derecho; porque su comunidad recupere la tranquilidad y sus habitantes recobren el orgullo de tener una ciudad segura en todos los aspectos, y deje de ser vista desde fuera con asombro por los índices de criminalidad y estancamiento económico.

Hacemos votos también porque, en breve, ya no sea necesario tener al ejército y a otras fuerzas federales patrullando las calles; porque las autoridades locales recuperen el control de la seguridad sin condiciones de emergencia; porque los gobiernos municipal, estatal y federal vuelvan a ocuparse de otras prioridades como el empleo, la salud, la educación, el esparcimiento y el equipamiento urbano.

Que lo sepan tanto las personas honradas como quienes infringen la ley: nuestro esfuerzo, solidaridad, dedicación, patriotismo, entrega y amor por Ciudad Juárez están en la causa de crear una comunidad democrática, con equidad, seguridad, justicia y paz.

DIEZ LÍNEAS DE ACCIÓN PARA UNA ESTRATEGIA EFICAZ

En Ciudad Juárez, el poder de las autoridades legítimamente establecidas —municipales, estatales y federales— ha sido evadido y tiende a ser suplantado de facto por grupos criminales que venden seguridad a personas, familias y empresas. No hay unidad de mando ubicada en una autoridad visible, reconocida como cabeza en el operativo contra la inseguridad. La ciudadanía desconoce quién ejerce el mando político municipal, pues el alcalde radica en El Paso, Texas.

La sociedad no puede refugiarse en el miedo ni permitir que éste se perpetúe en la resignación que paraliza a una comunidad y la somete al capricho de los violentos. Se precisa actuar con oportunidad y precisión; también al margen de intereses políticos o partidistas.

Una vez que el presidente Calderón reconoció, a principios de febrero de 2010, que no basta la acción armada y que se hace necesario recurrir a una estrategia con mayor sentido social en Ciudad Juárez, para el replanteamiento de la estrategia y para evitar la reincidencia de errores que significaron un saldo innecesario de pérdidas humanas, en forma sucinta sugiero:

1. Replantear el Operativo Coordinado Chihuahua con la participación eficaz de los tres órdenes de gobierno, con personas altamente confiables, representativas de la comunidad y sus cuerpos intermedios, y con asesores especializados.

2. Disminuir el perfil castrense y policiaco del Operativo —dejando a las fuerzas del orden como recurso de apoyo complementario— y orientarlo prioritariamente a la restauración del tejido social y a la reactivación de la actividad productiva de la ciudad, canalizando de manera extraordinaria recursos estatales y federales a programas de desarrollo social.

3. Reasignar las funciones de los tres órdenes de gobierno y de los sectores e instituciones de la sociedad en el operativo, sin que haya invasión de ámbitos de responsabilidad, sin que las decisiones recaigan en una sola dependencia o institución pública y sin que los órdenes de gobierno dejen de cumplir sus deberes constitucionales.

4. Crear un Consejo de Coordinación Subsidiaria de los Esfuerzos de Paz que lidere y coordine la estrategia; que facilite la comunicación y coordinación entre los órdenes de gobierno y de éstos con los organismos de la sociedad; que supervise la acción de las entidades involucradas en el operativo y promueva la cooperación internacional.

5. Depurar las corporaciones policiacas con métodos que no estimulen a los cesados a sumarse al crimen organizado, y retomar la función preventiva de la policía municipal evitando la militarización de su dirección y de su desempeño.

6. Reforzar y profesionalizar la protección a los derechos humanos y mejorar la atención humanitaria a las víctimas desde una conducta respetuosa de las libertades.

7. Diseñar e implementar programas educativos y culturales que resiembren principios cívicos y valores humanistas; que refuercen la identidad y el orgullo de comunidad.

8. Acelerar programas de infraestructura y consolidar algunos ya existentes en la comunidad, que faciliten la integración de comunidades marginadas y disminuyan la inequidad social.

9. Dar confiabilidad a la información validada por los órganos de inteligencia del Estado y sustentar en ella la toma de decisiones para la conducción del Operativo.

10. Dejar de ventilar indiscriminadamente información de lo que se ha hecho y lo que se va a hacer y guardar con discreción la estrategia y las tácticas de las instituciones. Encriptar toda información que pueda ser de interés y utilidad para los criminales.

Bibliografía recomendada

Almada, Francisco R., *La ruta de Juárez*, Congreso del Estado de Chihuahua, 1996.

Berumen, Miguel Ángel, *1911 La Batalla de Ciudad Juárez I. La Historia*, Cuadro por Cuadro, imagen y palabra, Berumen y Muñoz Editores, 2003.

Berumen, Miguel Ángel, *1911 La Batalla de Ciudad Juárez II. Las Imágenes*, Cuadro por Cuadro, imagen y palabra, Berumen y Muñoz Editores, 2005.

Berumen, Miguel Ángel, *La Cara del Tiempo*, Cuadro por Cuadro, imagen y palabra, Berumen y Muñoz Editores, 2003.

Brown, R. B. (ed.), *Introducción e Imperio del Ferrocarril en el Norte de México*, Universidad Autónoma de Ciudad Juárez, 2009.

Chihuahua, Barrancas de Cobre y Doradas Mesetas, Monografía Estatal, México, Secretaría de Educación Pública, 1992.

Enríquez Merino, Carlos Francisco Mons., *Apuntes para la historia de la Diócesis de Ciudad Juárez*, Ciudad Juárez, Chihuahua,1983.

Escobar, José U., *Siete viajeros y unas Apostillas de Passo del Norte*, Publicaciones Culturales del Ayuntamiento de Ciudad Juárez, Cuaderno núm. 2, Impresora Fronteriza, 1943.

Jordán, Fernando, *Crónica de un país bárbaro*, Chihuahua, Centro Librero La Prensa, 1978.

Lister, Florence C. y Lister, Robert H., *Chihuahua, almacén de tempestades*, 3ª ed., Gobierno del Estado de Chihuahua, 1992.

Martínez, Óscar J., *Ciudad Juárez: el auge de una ciudad fronteriza a partir de 1848*, 1ª ed. en español de la 2ª en inglés, Fondo de Cultura Económica, 1982.

Orozco Orozco, Víctor, *Las Guerras Indias en la Historia de Chihuahua*, Universidad Autónoma de Ciudad Juárez e Instituto Chihuahuense de la Cultura, 1992.

Santiago, Guadalupe y Berumen, Miguel Ángel, *La Misión de Guadalupe*, Cuadro por Cuadro, imagen y palabra, Berumen y Muñoz editores, 2004.

Villaseñor y Villaseñor, Alejandro, *El golpe de Estado de Paso del Norte*, monografía publicada en la Colección México Heroico, Editorial Jus, 1962.

La guerra injusta de Ciudad Juárez, de Manuel Espino
se terminó de imprimir en marzo de 2010
en los talleres de Litográfica Ingramex, S.A. de C.V.
Centeno 162-1, Col. Granjas Esmeralda,
C.P. 09810 México, D.F.